人物叢書

新装版

じ　えん

多賀宗隼

日本歴史学会編集

吉川弘文館

慈円肖像

（伝　住吉具慶筆）

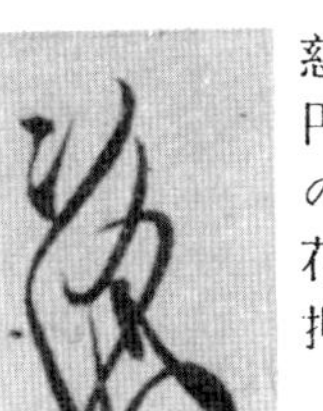

慈円の花押

いわゆる六家集の歌人（俊成・良経・定家・家隆・西行・慈円）の一。極彩色。それぞれの作の歌が一首ずつ書込まれている。歌の筆者は中院通茂（従一位内大臣、宝永七年薨）と伝えられる。慈円当時よりも遙か後のものと思われるが、面貌は極めて個性的であって、単なる想像画でなく、何らか確かなよりどころがあったかと考えられ、慈円の肖像として注目すべきものがある。

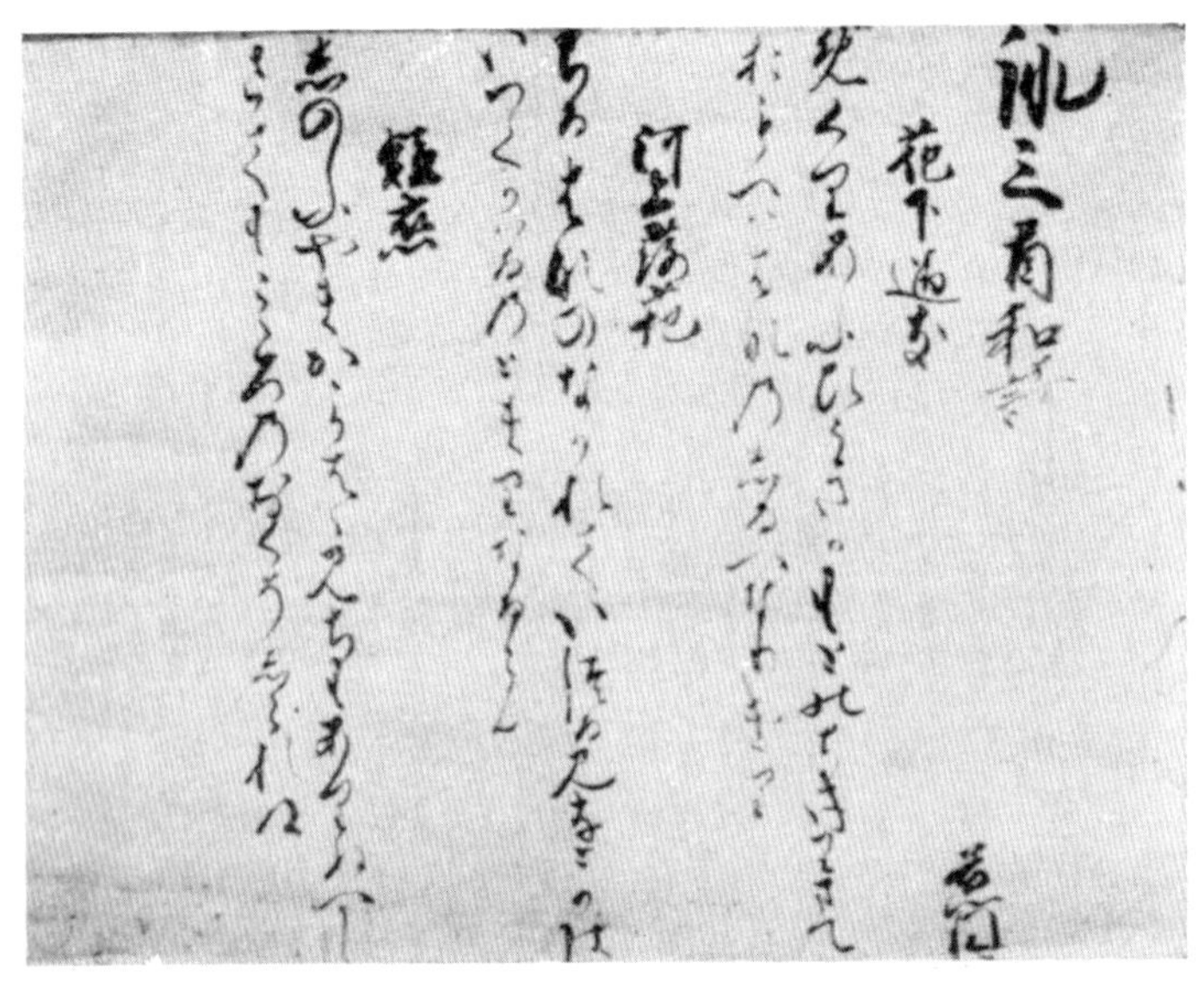

慈円自筆和歌懐紙　（京都市　青蓮院蔵）

詠三首和謌

慈　円

花下遇友

めくりあふひかきかもとのちきりまて
おもへははなのしるへなりけり

河上落花

ちるはなのなかれていつるみなとかは
いつくかはるのとまりなるらん

疑　恋

しのふやまかよはゝみちもありぬへし
さてもこゝろのおくそしられぬ

はしがき

一、慈円に関する研究は、とくにこの二―三十年間に長足の進歩をとげている。多くのすぐれた基礎的な研究が行われ、伝記もあらわれている。しかしその多くが専門的もしくは部分的であったに対して、これらを利用しつつ、全体的な姿を、出来るだけ平明に描こうとしたところに本書の目的がある。すなわち、表現もなるべくそういう線に沿うて、時に仏語（ぶつご）などの使用も避け難かったとはいえ、出来るだけ耳なれないものは制限するにつとめたことは言うまでもない。これまでの専門的仏教用語にたよらずに仏教に近づくことは今後ますます必要になると考えられるが、そういう道を通って、学者の学説をも一般のものとし、古い信仰の世界をも現代の理解に訴えたい、ということは本書に托した念願の一つである。

一、人がいかにその一生を充実したか、そこに伝記の問題の本質がある。たとえば歴史にとって彼が何であったか、は直ちに伝記の問題ではありえない。それは常に伝記における第一義的なものに照して見なおされなければならない。人が歴史のために生れたのでない以上、人間の伝記は歴史の犠牲にされてはならない。

伝記の研究は、かくして、まず、人とともに生き、ともに喜びともに悲しむことでなければならぬ。外からの客観的な観察の前に、内側からの共感がなければならぬ。

慈円の伝記の筆をとりはじめた時の筆者のこの立場に対し、及び、その狙いがどの程度実現されているかの問題については、人々の批判に俟たねばならぬ。が伝記のかかる本質的な問題以外に、それはこの研究の現況ないしは史料の性格から考えても、必然な方法であったといってよかろう。

私見によれば、慈円に限らず、この時代と人とをえがく上に最も重要で困難な問題は、その生命たる信仰を正しく理解し正しく描くということに存する。当時と今日との間には、この問題に関して、ほとんど越えがたい断層がある。これを私個人について言えば、信仰の体験を全く欠くという点に於て、釈尊の金言が絶対の権威であり万能であった時代や人を理解するという問題に対して、全く無資格であるということである。いわゆる教理や教義の難解は、かりに、学んで越えられぬことはないとしても、これを裏づける信仰の体験の世界に至っては、容易にうかがい得ないという意識は、この時代に、そして慈円に接するに従って、ますます深くせざるを得なかった。舟も橋もなしに河を越えようとするような困難な身におわぬ仕事を、ともかくも続けさせたのは専ら慈円その人のもつ魅力（みりょく）であったのであり、その魅力とは何か、がすなわち本書の全体が解明しようとしている問題に外ならない、というべきであろう。

一、次に史料としての和歌の取扱いについて一言しておきたい。慈円が一生にわたってのこした数千首の歌は、少なからぬ研究史料の中にも、大黒柱たるの地位を占めており、それが他の人に比しても数の少い研究上の利点たるにちがいない。しかしこれには多くの困難が伴っている。第一にその詠出の年代や時期が明かでないものが少くない。むしろその方が多いであろう。これを考証し決定することは決して簡単ではない。がこの点に慎重を欠けば、青年時代の詠を通して老境を忖度するような危険をさけえないであろう。このこととも関連して、もっと大きな第二の困難は、たとえ年代が明かにされたにしても、その一首の意味する所が、いかなる範囲に及ぶか、いかなる深さと広さとを有するか、の問題にある。一首の歌の示す気持は、或いはその時点に限られ、又はその前後に深く関係し、時にはひろく一生をおおふこともあり得る。その広さと深さとを的確に判ずることは不可能に属するにしても、たえず考慮のうちにおかれねばならぬ基礎的な点である。第三に歌の意味である。具体的に何をさし何をよんでいるのか判断しがたいものがむしろ多い。それにそれぞれ適当の地位を指定し間違いない内容を与えることは、どうすれば出来るであろうか。

　これらの点を中心とする、無限に錯綜した全体の関係をさばいて、これを正しく扱うには、透徹・明晰の眼光にまたねばならぬこと勿論である。厖大な歌集を前にして多岐亡羊の歎をくりかえす外なかつた著者としては、歌を、出来るかぎり、年代を明かにした上で使うにつとめ、年代の明かでないものは、それとしての取扱いに注意する、という程度を出ることは出来なかった。和歌の解釈や使用法に於いて或いは誤りを犯し、或いは主観に傾き一方に偏して、適切を欠くことのなかったかは、私の最も懼れる所である。

一、本書の成るまでに各方面より寄せられた絶大の好意に対しては、ここであらためて深謝の意を表したい・中にも京都青蓮院・曼殊院・叡山文庫・南溪蔵が貴重な資料の閲覧・使用を許されたことは特筆せねばならぬ。

昭和三十四年一月

多賀宗隼

目次

口絵

挿図

はじめに

慈円と和歌「おほけなく」の一首

おほけなくうき世の民におほふ哉　わがたつ杣にすみぞめの袖

百人一首にもとられている慈円の有名な作である。

戦国時代の歌人細川幽斎（天文三―慶長一五、一五三四―一六一〇）はこれを釈して次のように述べている（『八代集抄』所引）。

細川幽斎の評語

歌の心は、法徳も至らずして天台座主などに成て、上一人の寶祚長久より下萬民の安穏快樂ならん事を二六時中（一と時は今の二時間）心にかけて護持する、身にも應ぜぬ事なるべし。扨うき世の民におほふとは、傳教大師（最澄）よりの法衣を一切衆生におほふとなるべし。我たつ杣は比叡山也。彼傳教の御歌よりいひつづけたる也。あのくたら三みやく三ぼだいの佛たち　我立杣に冥加あらせ給へ。

歌・人物・行業

座主就任以前の詠

慈円の人物と行業とを一首のうちにとらえた簡潔な評として推すことが出来るが、ここで一考を要するのは、それがいつ、いかなる事情と境遇の下によまれたかの点である。この詠について、それらはほとんど不明である。がただ一つ明らかにし得る点は、それが『千載集』の成った文治三年（一一八七）、慈円三十三歳以前の作だということである。すなわち地位も低く年も若いころのものなのである。はじめて天台座主になったのは三十八歳、建久三年（一一九二）のことである。

幽斎は「天台座主などに成て」といって、座主となった後とするかの如きいい方をしている。幽斎の解釈はしばらくおく。後に天台座主となり、さらに当代の仏教界の明星として仰がれたという、後年の慈円の歴史を知っている後世の人々にとってはとくに、この詠に卒然として相対すると、これを、すでに盛名を博した晩年の慈円とむすびつけて考えたくなる。その意味や格調よりみて、その方がむしろ自然だとの印象を禁じ得ないであろう。それほどにそれは、彼の地位・境遇と、意気・抱負とを、緊張と荘重とのうちによく表現した、一代表作とされるに足る。

わが立つ杣

因みに、「わが立つ杣」は慈円が宗祖（最澄）の精神の継承者としての情熱をこめて愛用したことばであり、彼において重要な意義をもっている。

勅撰集における慈円六千首をこえる現存和歌

現在残し伝えられている慈円の歌は、家集『拾玉集』をはじめ、『千載』『新古今』以下十五の勅撰集、その他に散見しているものをも合せると六千首をこえる。七百年の歳月をこえて、なおかつ、これだけの数が伝存されていることについては、尊円親王（永仁六—延文元。一二九八—一三五六）・細川幽斎をはじめ、後人の努力に俟つ所が多いとともに、その根本理由が、元来の多作にあったことは疑いない。

多作の時代

同じく『新古今』の作者藤原家隆には六万首あったという。多作はこの時代の風尚の一つであったと考えられる。慈円の作が何万くらいあったかは何等伝えられない。が、このことに関して注意されることは、慈円が頗る速詠であったとい

慈円の速詠

うことである。速詠をきそうことも当時ふつうに行われたらしく、崇徳天皇が紙(し)燭(そく)の火のついているうちに、また金椀(かなまり)のひびきのきえないうちに歌一首をよむという遊びをせられたと伝えられている。慈円は、好んで百首歌を作っているが、これを一時(ひととき)のうちに作った、しかもその間に訪問客と話をした、などと無邪気に誇っている。また別の百首歌の跋(ばつ)として

すみよしの神もあらたに御覧ぜよ　三時に足らで散る言の葉を

からくにゝ七あゆみせしたぐひとや　三時に足らで散らす言の葉

の如き歌をつけ加えていることもある。慈円にとっては、歌をつくることは、ほとんど出る息にも比すべきものがあった。修法(すほう)のあひまに、忙しい儀式の間に百首の贈答、念仏に疲れて歌で一息、といった調子で、行住坐臥(ぎょうじゅうざが)、いたる所がすなわち歌筵(かえん)（歌会の席）であった。『大懺法院条々起請(だいせんぼういんじょうじょうきしょう)』は、厳粛なるべき寺規であるが、かかるものにさえ歌を一条ごとに挿(さしはさ)むことを忘れず、自ら「本願沙門、和語を

生活が即ち和歌

何でも歌にしないでいられない癖

捨てず」云々とことわっている。匿名でかいた『愚管抄』には、自ら「マメヤカノ歌ヨミ」という評語を用いている。こういう態度を以て歌に淫するものとし、それが慈円の高い地位にふさわしくないと人から諫められたとき、

人ごとにひとつはくせのありぞとよ　我には許せ敷島の道

の一首を以てこれに答えて忠告者を唖然たらしめたという伝えは、慈円の歌に対する好尚・愛著をまことによく表徴する佳話たるを失わぬ。以上のような点よりすれば、六千首の伝存、必ずしも多しというを得ぬといえよう。

家集拾玉集は慈円の一大自叙伝

最も多くの詠を集めている家集『拾玉集』について、その歌の年代をみるに、それは二十歳から七十一歳の寂年まで、大体五十年にわたって存する。勿論、平均的に分布しているわけではなく、時期によって繁簡・疎密区々であるが、とにかく、この長い間にわたって、公私生活を赤裸々に、こまごまと、かついきいきとえがきつづけている。すなわち内容からみれば、それらの多くが、当時の歌壇

慈円の歌は生活と心事との忠実な記録・告白

残された多くの文章、願文・譲状・書簡・著作

和歌を解することが慈円を識ることである

に氾濫していた花鳥風月にあらずして、心の忠実な記録であり、記憶や回想をまたぬ、直接の感懐であり、日記であり、そして全体としてみれば、一大自叙伝ともいうべき姿を示している。

慈円の残した文字記録は相当の量に上る。またその種類も、願文・譲状・書簡など、公私・雅俗、ひろい範囲にわたっている。いずれも内容豊富にして精彩に富み、当時の実状と彼の人物・性行の特色をよく映している好文字であるが、中にあって中核となり、全体の紐帯となるものは実に和歌である。われわれは和歌を正しく解し、また和歌を正しく関係づけ、これを枢軸として全体を考え、また全体を通して和歌を考え、かくして、和歌をして彼自身を語らしめることによって、最も近く彼に接し得べきを信ずる。

かくて、慈円を語ることは、その歌を語ることである。そこで重要なことは、日々時々刻々の自己の、いつわらぬ披瀝であり吐露であるその歌を通して、叡山

歌にあらわれた叡山の仏法・僧界の理想

慈円と遍照

の仏法とその伝統と、僧侶の理想と生活と、その立場からみた政治と社会と民衆とを表現したことである。慈円ほどの人物は、叡山には少なくなかったかもしれない。しかし叡山とその仏法とを無数の歌に託してこれを一般世間のものとした、その逞しい表現力に到っては、私は寡聞にしてその比類を知らぬのである。これにあるいは比肩し得べき人物として、かの僧正遍照（弘仁八―寛平二 八一七―八九〇）があげられる。その和歌の伝わることの少いことは深く惜しまれてならない。もし慈円ほどに多くの歌が残されていたならば、『古今』と『新古今』の作者として、平安初期と末期の人物として好箇の対照をなし、平安朝の文学・思想の歴史に錦上華をそえるの趣きを呈したことであったろうとの念を禁じえない。

叡山仏法を世に紹介した慈円

それはともかく、叡山は、慈円によって自らその扉を世間に、民衆にひらいたのである。むつかしい漢字によってでなく、難解な理論や教理によってでなく、やさしい仮名文字と日常用語と気取らない和歌とによって、叡山の伝統的精神を

仏法と王法出世間と世間との統一をめざした慈円

世に紹介し、仏法と王法、出世間と世間、すべてを統一してその中にまことの道を見出そうとしたところに慈円の努力の中心があった。慈円を伝することはこの努力を跡づけることに外ならないのである。

第一　生涯と事蹟

一　出家と修業

家系・出自

同母兄兼実

慈円は関白藤原忠通（承徳元―長寛二、一〇九七―一一六四）を父とし、女房（女侍）加賀を母として、近衛天皇の久寿二年（一一五五）四月十五日に生れた。幼名は明らかでない。基実・基房また覚忠をはじめ多くの異母兄があったが、同母兄としては兼実・道円・兼房らがあった。長兄兼実はのち関白に至り、慈円と一生、形影相伴っており、もっとも親愛の情を交した様は、その日記『玉葉』にくわしい。『玉葉』は安元―正治（一一七五―一二〇〇）の二十五年間にわたる大部の日記であり、慈円に関しても貴重な史料を少なからず提供している。兼房はのちに太政大臣に至ったが、かかる資料を欠くために、両人の関係は明らかでない。が、兼房とは相親しむこと浅かったらしい。その子兼円は、慈円の弟子となっている。道円は三井寺に入って、異母兄に当る覚忠に師事して法印に至り、嘉応二年（一一七〇、慈円十六歳）八月、二十歳で夭折した。

二歳で母を喪う

母は従四位上藤原仲光の女で、忠通晩年の寵女であったが、慈円二歳の時、保元元年二月十日に歿した。忠通は悲しみの余り、出仕を停めたといわれる。母なき後の慈円は藤原通季の女、中納言藤原経定の未亡人に養われた。その具体的な事情は全く不明であるが、慈円は「小僧養育の禅尼」と記している。禅尼逝去の時に四ヵ所の庄園を贈られており、後年、慈円は養育の恩にむくいるため、これらの庄の年貢を以てその菩提をとむらっている。

高貴な生れとその一生

慈円が摂籙家に生れ、父も兄も摂関に至っていることはその一生の運命と思想とにほとんど決定的な力となっている。

摂籙家の確立

平安朝における藤原氏の政権独占運動の成功は摂関政治を生み、同時に摂籙家の確立、絶対化を結果した。とくに道長（康保三―万寿四、九六六―一〇二七）以後、朝廷との血縁関係の上にきずかれたそれは一の原理、一の信仰にまで押し上げられる。そしてその

摂籙家の権威と動揺

信念は、一旦確立された摂関家の権威が衰えはじめ、とくに保元の乱後、急激に下り坂に向って、虚位・空名を擁するようになるにつれ、反比例的に絶対化が要求されてくる。摂関には藤原氏でなくてはなれないことが強調され、凡そ天子の位と摂籙の運とは人力の及ぶ所ではない、摂籙のことはひとえに春日大明神の御裁きにまつ外はない、とされる。

出自の意識

この出自が、慈円の一生をつらぬいて常にはっきり意識されていることはまず注意されねばならぬ。

なにごとを待にか今はかゝるべき　うき身は藤の末葉なれども

あはれとや思いづらむすみよしの　松たのみこしふぢの末葉を

は若いころのものであるが、また、たとえば、建久五年（一一九四 四十歳）の奏状には、「小僧、周旦・漢霍（中国の有名な摂政）の家より出で」云々といっている。要するに慈円の思想において摂関家の地位は大きな幅を占めており、つねにそれが思索のよりどころとなっている。とくに政治思想上にそれがはっきりした形をとってあらわれてくる事は後に述べる通りである。

覚快法親王に入室して道快と名のる

慈円は永万元年（一一六五）十一歳にして覚快法親王の室に入って道快と称した。法名は師の一字を賜わったものであろうか。やがて翌々仁安二年（一一六七）十月三日、十三歳で親王の白川房で出家・得度した。戒師は時の延暦寺座主明雲であった。

出家

翌月白川房を譲られている。覚快は鳥羽上皇の第七皇子、初名行理、また円性と言い、叡山に青蓮院門跡を開いた行玄（承徳五―久寿二、一〇九七―一一五五）の室に入り、仁平二年（一一五二）同院で伝法灌頂を受けられた。慈円の、青蓮院およびいわゆる三昧流台密とのむすびつきはここにはじまる。

青蓮院門跡・三昧流とのむすびつき

出家の動機

この出家入道の直接の動機が自発的のものであったかどうかは詳かでない。思想の上で第一に考えられるのは、厭離穢土の浄土思想である。平安時代、とくにその半ば以後、それが社会の上下を風靡し、この世を厭うて極楽浄土をあこがれ、時代の下るとともに仏の正法が失われて悪がはびこると考える末法の思想と、感傷的な無常観とが一世を蔽ったこと、そして、叡山がこの思潮の中心あるいは先導的地位を占めていたことは周知のとおりである。

十歳で孤となる

そして二歳で母をうしない、十歳（長寛二年一一六四）で父にわかれて早く孤になった慈円が、かかる傾向に対して極めて敏感なるべきは容易に察せられる。後年、つねに、亡き父母を慕うて兄兼実とともに月忌ごとにその菩提のために厚く法会をいとなんで忘れることのなかったことを見れば、世の無常を警告する仏の言に耳を傾ける地盤が心のうちに早く用意されていたことは疑いない。初期の歌にとくにこの悲痛な心情を詠んだものの多いことも、このことを示している。

父母の追慕

たらちねも又たらちめもうせはてゝ　たのむかげなき歎きをぞする

みなし子のたぐひ多かる世なれども　たゞ我のみと思しられて

すみ染の袖をぞしぼるたらちねの　あらましかばと思つゞけて

いはけなきそのかみ山に別にし　わがたらちめのみちを知らばや

たらちめをこふるたもとの夕露は　わかれし野べのなごりなりけり

独生独死（どくしょうどくし）は『無量寿経』の強調する所である。一遍智真（ちしん）（延応元―正応二、一二三九―一二八九）はこれを訳して、

おのづから相あふ時もわかれても　ひとりはいつもひとりなりけり

孤独感

と詠じたが、かかる孤独の感は、幼にして孤となったという体験には、とくに切実なるべく、無常感は孤独感と相ひきいて、出家への道をひらくことも当然であろう。慈円が、出家の生活をよんで、

かねてよりふかき山べのひとりゐの　さびしかるべきけしきをぞ思ふ

と言い、又、死について

闇路には誰かはそはむしでの山　たゞひとりこそこえむとすらめ

と詠じているが、かかる意味においては孤独にたえるということに宗教の一つの意味がある。そこに神仏が求められ、同時に人との間の本質的なつながりが見出され、自覚されてくる。

宗教的自覚　仏子・釈子の語

いわゆる「仏子」あるいは「釈子」の語は仏と人との本質的なつながりの自覚を示す。仏が、そして仏のみが、人間のかかわらぬ父、最後の依怙(えこ)(よりどころ)なのである。それは人をして人間的孤独を超えさせ、そこに人間同志の真の関係を見なおさせる。人は、仏を媒介として互いに間接に、しかしながら却ってそれ故に離れがたく、結びつけられている。ここに至って、恃(たの)みがたき人は、同じく仏子としてよき友でありよき話相手となる。言いかえれば、出家とは無常なる人を喪(うしな)って真の友・真の同胞を得ることである。

さぞといはゞまことにさぞとあどうちて　なやそやといふ人だにもがな

思ふこと何ぞと問はん人もがな　いとさわやかにいひあらはさん
世をなげく心のうちを引あけて　見せたらばと思ふ人だにもがな
うれしかなしわが思ふことを誰にいひて　さはさかとだに人に知られん
もろともにともなふ人のあらばこそ　いひあはせつゝなぐさめもせむ

心友を求める心

心友（しんゆう）を求め人物を求めることは、慈円の一生を通じての切実な要求の一つである。若年（じゃくねん）の詠にとくに多くまた強くそれがあらわれているのは、幼年時代からの孤独感とも深い関係があると思われる。

友を求める心は、あらゆるものを友とする心であるとともに、友の得がたきを歎ずる心にも通ずる。この歎声（たんせい）もまた彼の一生のものであったことはむしろ当然であろう。

よしあしを思しる人ぞ難波がた　とてもかくても世にありがたき
思しる友こそなけれいかにせん　人の心のうきよなりけり

心ある人もあらしの吹く世には　たゞ何事もうき雲のそら

この歎きの極は、あるいは独語となり、又、神仏への訴えとなる外はないであろう。

神仏への訴え

うき身にはしじまをだにもえこそせね　思ひあまればひとりごたれて

と言い、さらに

もの思ふたぐひは又もあら潮の　しほの八百会神やしるらん

思ふことなどとふ人のなかるらん　あふげば空に月ぞさやけき

と詠じている。「アハレ仏神、モノノタマフ世ナラバ、トイマイラセテマシ」といっているのも同じ心である。

出家の動機や背景

以上は、出家後十年あるいはそれ以上たった後の慈円のことばを通して、出家の動機というよりもむしろその背景を考えたにすぎない。出家の直接の動機としては、第二に、もっと世間的な要素があげられなければならず、そして、当時としては、この方が強い力であったろうと考えられる。すなわち出家は自発的というよりもこの時代の貴族社会の一般の風にしたがったものと解せられるのである。

皇室・摂関家をはじめ藤原氏その他の貴族が、正嫡（せいちゃく）以外の男子を出家せしめて京畿（けいき）の寺社に入れる風は数百年の古い習慣であり、とくに京都附近の大寺社内部の高い地位は貴族の子弟に占められ、この傾向は時とともに強く、南都（興福寺）・北嶺（延暦寺）、仁和寺・東寺など、いずれもその代表例といってよい。慈円の場合も、その一つであったと断じて恐らく誤りない。それは十一歳という年齢からも、およそ想察されるのみならず、やや後になって慈円がこの点について回顧している詞（ことば）もこれを裏づけていると思われるからである。二十歳ごろの詠に

何故に思ひそむとはあらずとも　衣は墨の色にまかせん

といっているのをみれば、出家が、自発的でない、いわば与えられた人生行路であったことを思わせる。同じ時の歌に

なにとなくあらましごとゝ思ひしを　やがてまことの道になりぬる

あるいは

法の池に流れもいらではなくかも　心の水のとゞこほるらん

なども同じ趣きをにおわせているように思われる。そして、これに照応するごとくに

今はわれまことに家を出でてこむ　何故そめし衣とかしる

とよんでいる（先の数首よりやや後によんだもので、文治三年（一一八七）慈円三十三歳以前）。ここに至って、幼時の出家に、あらためて意義を見出し、形式的な出家が転じて真の回心となった、と解することが出来よう。

出家の形式と真の回心との関係

勿論、この歌をかく解することには問題がある。上求菩提の道に幾つもの段階があるのはもとよりである。回心は一回とは限らず、正確に言えばむしろ無数であるかもしれない。回心のたびごとにまことに家を出ようと覚悟を新たにする。そしてまた忘れる。慈円の歌

をかりていえば、「いかにせんまことの道に入る身ぞと　思いづれば又忘れつゝ」である。従ってこの「家を出」るということばを、十三歳の時の出家に具体的に擬することは必ずしも適当でない、ということは充分の根拠を以て言える。しかし、今は上のように解しておく。

僧界を支配する俗権

出家の動機そのものが、貴族社会の習慣に従ったものであったばかりでなく、入道後の僧侶界においてもまた、俗権の支配という当時の風習が彼を待ちうけていた。法親王の室に入って間もなくその白川房を譲られていること、嘉応二年（一一七〇）十六歳で一身阿闍梨に補せられ、法眼に直叙されていることはそれを示している。とともに、それは将来に向っても、彼に僧界の高位を約束していた。それは二十歳（安元元年一一七五）ごろの作に

位山

位山まだみぬ峯も願はれず　さかゆくべくもなき身とおもへば

とあるのをみても知られる。

かくして延暦寺の僧としての修行時代がはじまる。

そもそも、伝教大師の開いたわが国の天台宗は、いわゆる円・禅・戒・密四宗の相承であるが、言うまでもなく天台法華宗として中心は法華にある。しかし、同時に、大師は法華一乗と真言一乗と優劣なしとして、法華すなわち止観を真言と同等に列べている。かくて叡山の修業・教育においても、止観業・遮那業それぞれに年分度者一人を宛て、十二年間の住山修行を規定している。その後円仁（慈覚大師）らがとくに密教を発展せしめ、真言宗の密教、いわゆる東密に対して叡山の密教は台密の名を以てよばれ、叡山の教学において次第に重要な地位を占めるに至った。貞観（八五九—八七六）の頃からは、叡山を支配・統領する延暦寺座主の資格として「真言・止観を兼習ふ」ことが第一にあげられるようになってきている。

叡山の仏法 真言・止観

真言の学習

十三歳で出家した道快は、十四・五・六歳（仁安三—嘉応二、一一六八—一一七〇）の間、まず密教を習い、三部の大法（大日経・金剛頂経・蘇悉地（そしつぢ）経）をうけ、護摩などの行法をおこなっている。すなわちまず真言の学徒として発足したのである。

然るに、二十歳（承安四年一一七四）の時、心に深く期する所あって、師の許可を請うて、

大原における修行

洛北、大原の江文寺に入って百ヵ日の法華の学習・修行に励んだ。江文寺は、古来、叡山の僧侶が多く念仏修行のために籠った所、鞍馬・法輪等の寺とならんで修行者の参籠・隠棲の地とされていた所である。

無動寺と慈円のむすびつき

安元二年（一一七六）四月、道快は比叡山の無動寺に登り千日入堂をはじめた。無動寺は叡山の南方の峯にあり、貞観五年（八六三）相応和尚が草庵をひらいて不動を安置したことに端を発し、延喜十五年（九一五）藤原仲平が等身の不動明王を本堂に安置した。元慶六年（八八二）天台別院となったが、天治元年（一一二四）青蓮院行玄が無動寺別当になり、また住房すなわち南山房を相承した。仁平三年（一一五三）覚快法親王がその検校となった。道快の千日入堂はすなわち師の親王の検校の時にその認可のもとに行われたのである。

無動寺の千日入堂

無動寺の千日入堂の修行は、いつ、何人によって始められたものであるかは、

今明らかにするを得ないが、すでに先例少くない所であった。たとえば叡山東塔の堂衆であった良忍（延久四―長承元、一〇七二―一一三二）は千日間無動寺に詣でて菩提心を祈りその願が成就して後、世間の交わりを絶って大原に住し、習学、造寺造塔など、多年にわたったという。

勇猛精進・難行苦行

道快の千日入堂の修行は、嵐を冒し雪を凌いで、仏に花を供え、閼伽をくんで持戒と行法とに精進した、住山不退の難行苦行であって、もとより常人の難しとする所であった。が、さらにこの困難を倍加したのは、当時の叡山が静かな習学修行の道場ではなく、学生と堂衆との紛争乱闘の修羅場であったことであり、その波は無動寺にも容赦なく及んで諸人が退散したが、道快はほとんど単身残り留って遂に大願を果した、と後年みずから回顧している。

学生と堂衆との激闘

堂衆はもと学生の召使で、中堂・釈迦堂などの雑役に服する下部であったが、院政ごろからしだいに団結して学生に反抗し、ついに武力に訴えるに至って紛争は乱闘となって連年解けず、ことに平氏時代には満山ために動揺するの状を現じ、谷々の講演、堂々の行法も退転し、修学の窓を閉じふさぎ、座禅の床には塵つもって三百年の法燈はかかぐる人もなし、と評せられる程の暴状を呈した。修行に専心しつつあった道快はこの乱脈を悲しみうれえて、或る雪の朝一首の歌を尊円阿闍梨に贈った。

いとゞしく昔のあとや絶えなむと　思ふも悲し今朝の白雪

尊円の返歌に

君が名ぞなほあらはれむ降る雪に　昔のあとはうづもれぬとも

尊円がいかなる人であるかははっきりしないが、吾々はこの一首に、若き道快が人々から尊敬され将来を嘱望されていたことの一端を知るのであり、そしてその尊敬と嘱望とが、当時の彼の勇猛精進ぶりから生れていることは疑いないであろう。

千日入堂のときの心境

『拾玉集』巻一の第二の百首はこの千日の山ごもりのころの歌であることがその跋で知られ、そこにはこの時期の彼の身辺と心境とに対して光を投じている歌が少くない。

まず、入堂の行法と目的を詠じて

　三年までみのりの花をさゝげつゝ　九品をも願ひつる哉

といって九品の成就を願う心を不動の前に披瀝している。

煩悩の制御

無動寺の本尊は前述のとおり不動明王であるが、この大日の教令輪身たる明王に仕える目的は煩悩の征服、散乱心の制御にあり、その上に菩提心を祈ったものと思われる。すなわち

　いつとなく動かぬ君につかへても　心はよもにあくがれにけり

の一首は、五欲の境に遊んでしばらくも制しがたい心を告白したものであり、

　思ふすぢいとかくばかり多かれば　心はつねにうちみだれつゝ

法のいけに流れもいらではかなくも　心の水のとゞこほるらん

なども同じ趣きのものと思われ、

よしさらば心のまゝになりなゝん　心の外に心なければ

は、かかる経験と努力との末に到達した心境であろう。

内、煩悩を制するに由なく、外、山徒の闘争に危険身に迫る中にあって、しかもなお好んでひとり山中に修行するのはそもそも何の故であるか。恃むはただ仏であり法であった。この一すじの糸にすべてをかけて、また他をかえりみるいとまがなかったのであった。

荒涼たる山寺に修行に挺身

説きおける法をたのまぬ身なりせば　かゝる心のおこらましやは

しのぶべき人もあらしの山寺に　はかなくとまる我心かな

などの詠は、先の贈答とも相照して、荒涼・寂莫の生活の中に、一つのものを守りぬこうとする姿をうかがうことが出来る。やや後——文治三年(一一八七)三十三歳

――の歌であるが、頭燃（頭上に火のもえるような危急の思い）を払う精進ぶりをみずから

思たつ道にしばしもやすらはじ　さもあらぬ方に迷ひもぞする
朝夕にかしらの火をも払ふ哉　うき世の事をおもひけつとて

といっている。元来、彼の如き身分でありながら、かかる修行を思いたつこと自体、すでに生得の勇猛心を示すものであって、早くもここにその鋒鋩をあらわしているといってよい。

葛川の参籠修行

千日入堂の後、養和元年（一一八一）二十七歳の年、近江の葛川（滋賀県高島郡朽木村）に参籠している。無動寺の別院たる葛川の息障明王院は同じく不動堂であり、ここに七日の断食を行じ、法華経一部を暗誦し、不動の三昧耶形たる倶利迦羅を感見したと伝え、彼はこれを兼実に語って兼実を感激させている。

千日入堂などのきびしい修行は何をもたらしたであろうか。

下山と隠遁の志

入堂をおえて下京したのは治承三年（一一七九）二十五歳の春三月二十四日のことで

あった。下京とともに兄兼実を訪うて、その心緒を切に訴えて、隠遁の志をのべている。その志はいかにも切なるものがあり、その後、しばしば訪問して籠居の望みをくりかえし、ひたすら「生涯無益」の由を語って、その度に兼実はこれを制止したけれども容易にその心を翻えさせることが出来なかった。この間二年近くもの月日を送っていることを以てもその決意のほどをうかがうことが出来る。謂う所の「生涯無益」とは何をさしているのであろうか。

この時のことを彼は後年回想して、「中心に思惟して云わく、仏法を興隆するの器ならば、尋常の儀を存ずべし。もし然らざれば、身を山林に容れ、片山に遁世せん」とのべている。

「生涯無益」

生涯無益と言い遁世というは、己れが煩悩をいとい、人間の煩悩と、煩悩の修羅場としての濁世をいとうに出で、これをさけてみずから清うせんとするものであり、山中にもっぱら自利を求める隠者―「聖」（ひじり）の立場に外ならぬ。こ

叡山大衆の闘争、三巴の混戦

れに対して「仏法を興隆するの器」の、世間的にして積極的なるは言をまたない。彼のこの動揺期たる治承四年前後はあたかもかの延暦寺の学生・堂衆の闘争がその絶頂に達した時であった。大衆は座主(明雲)方・七宮(覚快法親王)方および堂衆の三方に分れ、これに、官兵その他の近江・美濃等の武士がそれぞれ与党して三巴の混戦を演じ、堂衆の勢強くして官兵も手を焼いているという様であり、彼がこれを日夜、目のあたり見ていたことを思えば、容易に仏法興隆の器を以て自ら任じがたかったことは必ずしも解し難い所ではない。入堂中の一首に

山深く身をかくしてん行末に　くやしき事やあらんとすらん

ともらしていることもここにかえりみらるべきであろう。かくして、彼は、ここに一度、身を「ひじり」の中に投じようとした、否、投じていたのである。寿永元年(一一八二)四月、山上の水を兼実に贈ったとき、五－六人の聖人に命じていることをみても明らかである。

長期の修行をおえ、深刻な体験の告白をなした彼も、しかしながらついに翻意した。そのきっかけについては『玉葉』（治承四年（一一八〇）十二月九日条）に、彼の兼実への書状として

> 七宮（覚快法親王）、無動寺の凶徒の事により忽ち登山せられ了んぬ。件の張本、召出さるゝ能はず。遂に苛法の沙汰に及ばゞ、七宮安堵せらるべからず。然らば又、この山籠も叶ふべからざるの次第也。

とある。（これが書簡原文のままの引用か意訳かは明らかでない。もし前者ならば、全文ではないが、彼の手紙の現存するものの最も早いものに外ならぬ。）すなわち山の動乱が、師にして無動寺検校たる覚快法親王に累を及ぼさんとする形勢となり、この事が彼の山籠を不可能にしたのであった。この直後、十二月十九日法親王は検校を彼にゆずらんとしたが、固辞した。やむをえず、青蓮院門跡にあらざる全玄を以てしばらくこれに補することとした。

「世間無益」として二年近くも遁世を考えていた彼は、かくしてついにその念をたった。その動機はかくて要するに世間的なものであった。それはこの限りにおいて事実である。が、ただそれだけであろうか。管見を以てすれば、この表面的な事実の裏には一つの重要な問題が含まれていることを見のがすわけにはゆかない。

翻意の意味

山をあとに世間に出たことは、彼が一旦身を投じた「ひじり」の生活を見すてたことを意味する。がそれは、彼にとって、直ちに、出家の初志を忘れ理想をすてたことを意味するものであろうか。

これを直接に知ることは極めて困難であり、後年——元久二年(一二〇五)五十一歳以後に属する——の回想を通じて間接にこれを推測する外ないのであるが、そこでは、ひじりに対して、それは、しばしば尊げに見えるが、実は「さまあしきもの」で、却って「道なき心ち」がする、とかなり非難を集中している。

「ひじり」への慈円の批判

二十年・三十年の年月をへだてた後のことばを以ておしはかるの危険なことはいうまでもないが、しかも、かかる印象や批判の萌芽(ほうが)が早くめばえてはいなかったであろうか。

よしの山思ひいるともかひもあらじ　うき世の外のすみかならねば

わが身こそかくしかねぬれかつらぎや　奥なる谷もうき世なりけり

後の歌は文治四年(一一八八)三十四歳のもの、前者はそれ以前の作であるが、これらはこの推定を幾分なりとも支持するかと思われる。

生涯の本質的問題

いささか臆測(おくそく)に過ぎたようではあるが、以上のことは、われわれをして彼の生涯にわたっての一の重要な問題にふれさせる。はじめに求めた山中の生活と修行、そして山中隠棲の生活の体験と批判の後の下山(げさん)。下山の動機が、表面世間的なものであったにもせよ、奥山の谷もうき世であったという体験は、山下(さんか)の世間の生活をも見直す、新しい眼を開かずにはおかなかったであろう。ともあれ、「世間無益」とまで思いつめた真剣さは、彼の生涯を考える上に見のがされてはならないであろう。

平氏政権の動揺と諸源氏の擡頭

治承四年(一一八〇)十一月以後、道快は西山の善峰寺(京都市西京区)にあり、しばしば出京して兄兼実と会談している。時あたかも平氏政権の動揺期に当り、源頼政の挙兵、福原(神戸市)遷都、南都焼打など驚天の事件があいついで起り、また頼朝挙兵の飛報も京人士の耳朶をうち、天下ようやく騒然として朝に夕を計らざる危機に際会した。

京都政界の変転

廟堂(朝廷)でも治承三年(一一七九)、摂政基房以下が清盛のために官職をうばわれ、基房は備前にうつされるという未曾有の政変が起っている。清盛は安徳天皇の即位とともに、最も親近関係の深い近衛基通を以て摂政として朝廷の大改造を断行した。兼実は右大臣として員に備わるのみで久しく不遇の地位にあったので、進出の機をここに求めたようであり、道快が西山から出京したのは、その請にこたえて祈禱するためであって、何事か夢の告があった、といっている。詳細は明らかでないが、結局、兼実の本意は達せられず、他日を期する外はなかった。

十一歳から二十五歳まではいわば修業時代である。二十五歳を以ていわゆる修業時代の終りを画するのは、通常一般の例よりいえばむしろ遅きに失するの観があるが、しかし、それは外形よりみた教育の期間にあらず、内心上の転期を中心として考えれば必ずしも異例とするには当らぬであろう。

　こしかたを思つらぬる夕ぐれに　山とびこえてかへるかりがね
　いはねふみかさなる山をかぞへつゝ　遠ざかりゆく都をぞ思ふ

修行中のわずかの閑暇にふと浮んだ感慨と思われるが、当時の情景と境地とを想わせる佳品である。

二　世間的活動へ

隠棲を断念して山を下った時、彼には、一方からみれば、すでに世間的活動の準備は出来上っていた。その一は僧侶として世に立つ資格と実力とを備えていたこと、その二は、多くの寺院を管領するの地位をゆずられていたこと、三には公私・僧俗、種々の方面に有力な支持者を少なからず得ていたことである。

密教の相承

第一、前述のように十四歳ごろから真言の学徒として発足し、青蓮院行玄の流れをくむ覚快、後には全玄を師として学んだ密教の経論の目録は、今日『伝受日記』一巻として伝えられている。ここに台密の教相（論理）及び事相（理論の実践方法）の瀉瓶（伝法）を得たのであるが、たまたま養和元年（一一八一）二十七歳の十一月六日、師覚快法親王の入滅に遇うた。

慈円と改名

道快の名を慈円に改めたのは、この頃であったと伝えられているが、その動機・理由は明らかでない。かくて翌寿永元年（一一八二）十一月、全玄より伝法灌頂をうけ、「三部伝法阿闍梨」として世に立つこととなったのである。

三部伝法阿闍梨

今日、青蓮院は、法印大和尚位全玄の署名ある慈円の「金剛界印信」を伝存している。

顕教の学習

以上は密教の相承であるが、顕教の学習もこれと併行していることは疑いな

顕教と密教

い。法華の研究につとめていることは前にも触れた。止観の教法を和歌によみ込んでいることはその造詣の一端であり、法華経の和歌は慈円の最も好んだものの一つであることも同じ方向を示すものであろう。ただ顕教の場合は、密教に比して自学を中心とする傾きの多いところに、その学習を徴すべき史料の伝存しにくい事情があるにすぎない。すでに遍照は、「それ顕教宗は、授業の師をえらばず、真言教に至っては、未灌頂の者は、一句をよむ能はず、阿闍梨に非ざるものを除きて、輙く伝授せず、……伝教の阿闍梨をおかずしては誰かよくこの教を伝えん」といっている。時代はへだたるが、事情は異なるところはないであろう。

かの、骨をけずる山中の修行や体験がこの正式の受法と資格とを裏づけるところに慈円の僧としての活動が発するのである。

京都内外の諸寺を管す

第二、治承二年(一一七八)二十四歳にして覚快より法性寺座主をゆずられたが、養和元年二十七歳の時、師の入寂によって三昧院・成就院の検校をもあわせ、また

法印に叙す

法印に叙せられている。ついで文治二年(一一八六)三十二歳にして平等院執印、文治三年には法成寺執印を帯し、かくて三十三歳にして六ヵ寺の重職を兼帯している。住房たる京の白川房、西山の善峰寺をはじめ、青蓮院・法性寺および無動寺を策源地として活動の基盤を固めたのである。

先輩師友の庇護

第三に、慈円のかかる速かな栄達・昇進が、本来、諸先輩の庇護・推挙に出るものなるはいうまでもない。師覚快をはじめとし、全玄もまた授法の師として彼のために意を用いる所が少くなかった。全玄はかねて兼実と相善かった様であり、兼実と協力して彼の地位の昇進のかげの力になっている。寿永元年の灌頂の時も兼実と種々打合せを行っている。

政界との結びつき
兼実の好意と支持

かかる僧界の支持も、しかしながら、政界の好意がなかったならば、これを実現することは容易でなかったであろう。この点において兄兼実の好意と努力とは慈円にとって大きな力であったのであり、そして形影相伴う両人の関係は兼実の薨（承元元年四月、一二〇七、慈円五十三歳）まで続いているのである。

慈円の栄達と兼実の喜び

すでに仁安二年（一一六七）慈円十三歳の白川房の出家に際しても兼実はその儀に列している。慈円より六歳年長の兄兼実は、父母なき後の末弟に対しては父にも比すべき関係にあったとおもわれる。事実、慈円の昇進に対する兼実の熱意と努力とは真に父の愛子におけるが如くであった。慈円が法眼に叙せられたのも兼実の推挙に基づいており、法印になった時も、兼実は「悦び極まりなき者なり」と言い、無動寺検校となった時には、「実に悦び思ふこと極りなし。全く自身の慶びに劣らず」との感をもらしている。慈円の灌頂にも自ら臨んで結縁し、且つ、剱一腰を以て慈円の布施に加えている。文治二年（一一八六）八月、慈円が平等院執印に補せられたについても、兼実はその補任の実現に努力を重ね、それが実現したときも、慈円の年来の好意にむくいる事が出来た、とよろこんでいる。慈円幼少のころは父代りであった兼実に対し、生長後の慈円が兼実のためにつくしている場合は、

兼実との協力

京都の治安乱れる

右にもうかがわれるように、決して少なくなかった。寿永二年(一一八三)七月、平家の都落とともに木曾義仲の軍が都に殺到せんとするや、京都はたちまち混乱と恐慌におちいった。慈円は使を兼実に送って、自分の房への避難をすすめた。兼実が路次の難をおそれて従わないのを見ると輿を送ってこれを促し、兼実はついに叡山東塔の青蓮院に入った。同じく十一月の義仲の後白河法皇御所法住寺殿合戦のころ、慈円は兼実の安否を気遣って、恰も修行中であった無動寺百日入堂の忙しい時間をさいて下京したが、義仲の許しを得てまた修行をつづけた。無事登山の報をえて兼実は、これまた自分の悦びでもある、といっている。「近日の天下では、武士の外は一日も存命しがたい」「京中の物取・追はぎが日をおうて烈しくなって秩序は全く失われた。山の奥・巖の中にも無事平穏の世界はない。〝三界無安、猶如火宅〟の仏の金言のとおりである」と兼実が日記に記しているような恐怖と危険との中において、叡山という有力なうしろだてをもった賢弟のかくの如き心遣いが、いかに嬉しくもまた頼もしくもあったかは想像に余りある。

兼実との情報交換

かくして両人の友愛・敬重の関係が、公私にわたって政界と山との相互援助と情報交換となった「無動寺法印(慈円)密々示し送られて云う」という趣の記事は『玉葉』にしばしばみえる。文治二年(一一八六)七月、頼朝が弟義経を追窮して、義経が叡山にかくれたと噂されたとき、慈円は頼朝側に立った兼実のために嫌疑者の逮捕などに意を用いている。

政界接近の端緒

こういう関係はまた慈円の政界への接近、関心、知識を促す上に第一に注目さるべき点であろう。元来、兄兼実が政治に、弟慈円が僧界に入ったのは、先にもふれた通り、一種の偶然を含み、両人の生活や思想が交錯することは敢て不思議ではない筈である。

兼実の道心

これを兼実側から見れば、彼は政務にたずさわりつつ、道心が深かったので、そのことは、彼の晩年、法然への熱心な帰依にもあらわれているが、若い時からくりかえし出家の望みをもらしており、また、仏事に臨むの自由を得ないことを歎じて、「職重く官高く、出行容

観性

兼実、観性らと仏事を共にす

易ならず」と言い、また「余においては乱世の執政は好むところにあらず」といっているのを見ればその志の一端は知られる。かくて、事情と境遇の許すかぎり、みずから仏事に結縁するにつとめている。寿永二年(一一八三)八月、法性寺で慈円は廿五三昧念仏を修した。これは、かの源信の始行した所にならって年来修した所であるが、兼実は夫人とともにこれに臨み、以後これを例とした。翌三年にも、慈円が西山の法橋観性の勧めによって同じ寺に法恩講を修した。これも年来の勧めであったが、兼実は子息とともにこれにも結縁している。文治二年(一一八六)閏七月、観性の如法経供養のときは、慈円とともにこれを助けている。これより先、寿永元年(一一八二)九月、観性の如法経に結縁のため慈円及び藤原雅頼とともに西山に赴いたが、この時兼実は、「誠にこれ一世・二世の宿執にあらず。悦ぶべし、尊ぶべし。随喜の涙千行・万行なり」と感激にひたっている。文治四年(一一八八)九月、慈円とともに観性の如法経供養に参加するためにわざわざ摂津の四天王寺に下向した時にも、当時摂政の身として万機の繁務を一日も空しくすべきでない、との人々の謗りをもかえりみず、「ただ仏の知見を仰ぐ」という信念を固持している。

仏法、王法の興隆

要するに、個人としては「出家の素懐」「山林の素懐」をいだきつつ、天下の重寄（重責者）としては「社稷の安全・仏法興隆」を祈るの立場にあるのであり、而して、政務繁多の彼としてはこれを慈円と観性とに托し、三人相寄ってその大願達成を相誓ったのである。兼実の語を以てすれば、「大願の趣、具に記録し難きか。ただ仏法興隆・政道反素の趣也。法印（慈円）・下官（公卿の謙称）・観性三人の大願、すでに年序を積み了んぬ」云々と。これ寿永二年十二月十日、先にふれた、慈円の百日入堂のために帰山した日の兼実の述懐である。時に慈円二十九歳、兼実三十五歳。

慈円と西山

因みに観性は美作守藤原顕能の子で、天台座主顕真の同胞。全玄と同じく行玄に受法し、慈円に授法している。西山に住し西山法橋とよばれ、兼実とも相善く、三人は事ごとに筵を同じうして仏事にはげんでいる。慈円が西山に住するようになったのは観性の縁によるのである。

かくして兼実は慈円とは両輪双翼・一身同体、おのおの他の足らざる所を相補うの観があった。

兼実の子良尋、慈円の門に入る

文治三年(一一八七)兼実がその子良尋を慈円の門に入れたのも恐らく同じ心からであったろう。

一個の阿闍梨として社会的に活動せんとする慈円の出発点はおよそ以上の如くであった。そしてそれは、まず、兼実のための祈禱を中心として展開してゆく。

九条家の為の祈禱

灌頂の翌寿永二年(一一八三、二十九歳)九月、兼実の子大将良通の病を、慈円の弟子承慶が祈っている。やがて平癒したとき兼実はこれを法印(慈円)の薬師供の功験に帰して喜んでいる。この頃の彼はすでに承慶以外にも数人の弟子をもっており、前述の良尋の入室は文治元年(一一八五)慈円三十一歳の時のことである。寿永二年十二月には兼実の願によって山上に護摩を修し、翌三年(元暦元年)より主として兼実とその家族のための祈禱を続けている。中にあって、とくに注目されるのは、この兄弟の協力による、父母及び皇嘉門院のための仏事の復興と修飾とである。

兼実の願により無動寺に大乗院を建てたことについては、また後にのべるが、その落成の啓白文に慈円が、「旨をうけて力を励ますことここに九年なり」といっているのによると、兼実がこれを思い立ったのは文治二年(一一八六)であったことになる。このことは文治三年九月の、兼実の、九条堂の懺法の復興と恐らく関係があり、大乗院はこれが発展とみられる。

皇嘉門院の為の仏事

崇徳院の妃皇嘉門院聖子は、兼実の姉に当られるのみならず、兼実を猶子としていられた。仁安二年十月の慈円出家に際しては、兼実を通じて装束を贈られ、また養和元年(一一八一)十二月五日、崩御の時、後白河法皇に後事を托されたが、その中にはただ兼実の子良通の事の外、思い置くことなき由を示されたという。またこれより先き、安元二年(一一七六)に良通が病んだとき、門院は、慈円をして修法して病を祈らしめており、かくて兼実・慈円は門院に対してとくに親愛・追慕の

九条堂の仏事

情やみがたきものがあった。門院は生前、持仏堂たる九条堂において弥勒講・懺法などを修していられ、保延（一一三四―一一四〇）以来不退の勤めであったのが、治承（一一七七―一一八〇）以後、戦乱のため廃絶し、いたくこれを歎かれた。

父の為の仏事舎利講

両人が父母を慕うてその追善に励んだことは先にもふれたが、兼実は同じく九条堂に命日ごとに仏事を厳修し、慈円が修法に当っている。文治三年二月十九日、父の命日に際し兼実は舎利講を営んだが、これも父忠通が在世中に毎月欠かさなかった所、而してこれまた治承以来の乱によって中止のやむなきに至っていたものであった。翌文治四年（一一八八）二月十日母の命日に当り、例年通りその遠忌を修したが、この時からは、式を確定して、二月十日（母の命日）から十ヵ日懺法を修し、同十九日（父の命日）に結願することとしている。

寿永二年（一一八三）に兼実が、「天下騒乱の後、ここに五ヵ年なり。心は一実の道を慕うといえども、首はなお雙華の髪を梳る。静謐の時を期して念仏の行を修せんとするなり」といっている。五年前は治承三年(一一七九)である。

兼実宿望をとげて摂政となる

文治元年(一一八五)は平氏滅亡の年であり、同二年には兼実は武家幕府の後援のもとに宿望をとげて摂政に至った。平和が立ちかえって秩序回復の曙光(しょこう)が見えそめ、同時にようやくその前途に望をいだきつつあった兼実が、戦乱によって妨げられていた仏事をととのえて仏法興隆の素志をまずここに実現したものに外ならない。

兼実の強力な支持

慈円はこの間、文治二年八月(三十二歳)には平等院執印に、翌三年には法成寺執印に就任しているが、これまた兼実の盡力が与(あずか)って力あったのであり、特に前者については、寺門すなわち園城寺(おんじょうじ)の不平を惹起(じゃっき)し、ために兼実は呪咀(じゅそ)されるに至った。しかし彼は、慈円の、年臈(ねんろう)・徳行・親昵(しんじつ)の兼備によって道理に従ったのであり、当然の処置である、として押切っている。

社会的地歩を固める

元暦元年(寿永三年、一一八四)三十歳ないし文治四年(一一八八)三十四歳のころの慈円は、一方、山中及び洛中の諸寺・房舎の管理に当り、他方、父母一族の仏事、兼実等の祈禱と良尋ら弟子の教導とに当っていたのであって、すなわち摂政の後楯（うしろだて）と九条家とのむすびつきを主軸としてその地歩を固めて行ったのである。山（比叡山）から京へ、京から山へ、また西山へ、忙しい上下往来を年に幾度、月に何回くりかえした事であろうか。

後楯としての九条家

数年前の、参籠と孤独とに身をささげた寂莫（せきばく）の生活に照すとき、それは何と大きな、また突然の、転換であることか。「世間無益」と思いつめた心がこの唐突の変化にいかに対処し、みずからを処理して行ったのであろうか。それは、一方からいえば、すでに修行のうちに、本質的には、用意されていたともいえよう。しかしいずれにしても、それには長い時間と、そして心のなみなみならぬ努力を要することは明らかである。われわれはここに、慈円におけるもっとも重要な、彼の一生にとって中核となり本質となるべき問題の最初の展開を見出すのである。そういう意味で、たとえば次の如き詠を、この文治三・四年の作のうちに見るこ

生活の転換とその心境

とは頗る興味深いといわねばならぬ。

うき世にめぐる

　思いる心のすゑをたづぬとて　しばしうき世にめぐるばかりぞ

　せめてなをうき世にとまる身とならば　心のうちに宿はさだめむ

現存する歌のかぎりにおいて、うき世にめぐることを認めた、最も早いものである。が、それと同時に、うき世に満足せず、その彼方に、そしてわが心に、まことの道を、仮の宿ならぬまことの宿を求めようとする。それを、修行中の抽象的な思惟・思弁としてでなく、衷心の要求とは反対の方向へ否応なしに引ずられてゆく、そういう現実の中において見出そうとしている。この理想と現実との背馳は年とともに、世間的地位の向上とともに増大する心の苦闘としてあらわれてくる。修行時代の大疑問・大煩悶としての「生涯無益」が、形をかえてあらわれてきたのである。

世をいとふ心

　いる月よかくれなはてそ世の中を　いとふ心はありあけの月

は文治四年(一一八八)三十四歳の時のものであるが、都の生活が彼の心を吸収しつくしてはいないこと、その彼方にまことの己れを見出そうとしていることはここにも明らかに看取される。

まことの自己、まことの道は、しかしながら、何処に見出さるべきであるか。世間の濁りの中にこれを求めることの言うべくして容易に行いがたいこと、軽々に煩悩即菩提をいうことの危険なことは言をまたない。それは結局、世間の波に足をさらわれて、名利の奔流に落堕することとはならないであろうか。

位山さかゆくみねにのぼるとて　まことの道をよそに見る哉

文治三年三十三歳の作である。前にのべたように、すでに無動寺以下数ヵ寺を管して洋々たる前途を望んでいた当時の反省として、注目すべきものをもっている。悠々迫らず、しかも真剣に一すじの道を追求してゆく、そういう幅の広い行き方をわれわれはここに感ずる。彼がこの後にいたって、山中のさびしい生活の中に一種安住の境を見出しているように見えるのであり、そしてそこに、この落ついた態度があらわれているように思われる。山中に不安と焦燥(しょうそう)とにかられていたかつての態度に比して、心境の一段の進歩を観る。

世間と山中の生活

あと絶ゆるいはのかけぢの奥のいほや　世のうき目みぬすまゐなるらむ

自然を友とする生活

世の憂き目見ぬ山上の生活に、自然にとけ込み、鳥獣を友とした日常をよんだ次の数首（文治四年、三十四歳の作）は、そういう意味でこの頃の心境をよく映(うつ)すものであろう。

朝夕に梢(こずえ)にすだくむら鳥の　手飼(てがい)になるるみ山べのさと

いほりさすかた山きしのみゝづくも　いかゞきゝなす峯の松風

山深みなかなか友となりにけり　さよふけかたのふくろふの声

しばぐりの色づく秋の山風に　梢をちらぬ木の葉さる哉

いかにせむ友こそなけれ山の犬　声おそろしき夜半(よわ)のねざめに

松が枝(え)に枕さだむるかもししの　よそめあだなるわがいほり哉

谷川のをとに月すむみ山べは　それさへさゆるむさゝびの声

「諸ノ鹿・熊・猿及ビ餘ノ鳥獸、皆菓ヲ持來テ仙人ニ供養シ奉ル」「法空（僧侶の名）飲食ニ乏シキ事ナシ。而ル間諸ノ鳥・熊・鹿・猿等來テ前ノ庭ニ有テ、常ニ經ヲ聞ク」「其ノ山極テ人氣離レタリ。然レバ猪・鹿・熊・猿等ノ獸常ニ來テ聖人ニ近ヅキ、戯レテ敢テ恐ル丶氣色ナシ」（『今昔物語』）という山寺の生活を表現し彷彿させているこれらの和歌は、また、かの覚猷筆と伝える『鳥獣戯画』にも比せらるべきものがあるといっても過言ではないであろう。

九条家の政治的進出と慈円

二十五歳から三十五歳（治承三―文治五、一一七九―一一八九）にいたる十年間に兼実、すなわち九条家とのむすびつきを中軸として社会的活動の第一歩をふみ出したのである。それはなお慈円の雌伏時代であるが、他方、それは他日における雄飛を約束するものでもあった。すなわち文治－建久（一一八五―一一九五）の交における九条家の政治的進出を機縁として、ここに慈円の独立的活動が展開するのであって、三十六歳から四十二歳まで、建久元年ないし七年（一一九〇—一一九六）の、第一回座主の時代を中心とする七年間を以てこれに宛てたいと思う。

三　座主就任

平氏滅亡と京都の政局

建久元年（一一九〇）には慈円（三十六歳）にとって二つの重要な事件があった。正月の、兼実の女任子の入内と十月の源頼朝の入京とである。そしてこの二つの線の交叉する点に建久三年慈円の座主就任が結実する。

後鳥羽天皇即位

これより先、平氏に擁せられた安徳天皇は文治元年（一一八五）西海に平氏と運命を共にせられた。院政をみていられた後白河法皇の御沙汰によって後鳥羽天皇が位につかれた。皇位継承の印としての神器なくして位に立たれたことは重大な問題を惹起し、また、慈円の政治論もそこに一つの端を発していることは後に述べる通りである。

兼実の女の入内

慈円肖像　伝狩野探幽筆　(曼殊院蔵)
『三十六歌仙』一巻のうち。淡彩。筆者および製作年代については一切よるべき文字はないが，寺伝では探幽とされている。面貌における個性は少く，むしろ歌仙絵の一例としてみるべきであろう。

建久元年正月、天皇は十一歳を以て御元服あり、同時に兼実の女任子を女御（にょうご）として入内（じゅだい）せしめられた。任子の叔父であり、兼ねて学問と祈禱の師であった慈円は入内のため、および入内後には立后のために祈禱を励んで法験を示したのであった。このことは兼実との兄弟という私的関係が慈円を朝廷と直結せしむる機縁を与えたことであり、とくに、

後鳥羽天皇とのむすびつきの緒

兼実、道長の先例をおうて外戚の地位を望む

たのである。

後鳥羽天皇との間の、長い、そして意味深いむすびつきの緒(いとぐち)がここにひらかれ

前述のとおり、平氏執政以来、兄基実・基房に対して不遇の地位に在った兼実は、進出の機を求めて容易に得ることが出来なかったが、源頼朝の勃興、源氏政権の確立するに及んで、これと呼応し、その支持の下にようやく勢力を廟堂に固め、文治元年内覧、文治二年摂政となって多年の望みを達した。同四年、兼実は愛子内大臣良通の頓死(とんし)にあい、悲しみの余り出家の素懐(そかい)をとげようとした。が、良通の妹任子の前途を慮(おもんぱか)って思いとどまり、やがて当今(とうぎん)(後鳥羽天皇)に入内させようと画策した。これは昔の上東門院(じょうとうもん)(彰子、藤原道長の女、で一条天皇の中宮)の例にならい、絶えて久しい外戚の地位を再現しようとしたものであった。が、後白河院の寵姫(ちょうき)丹後局の所生(しょせい)の女、及び頼朝の女子など競争者に擬(ぎ)せられた女子があって、任子の入内の困難が予想された。兼実はこの本意が遂げられなければ、良通の中陰(ちゅういん)の間(歿後四十九日)に出家

しようとまで力をこめ、その祈請を慈円に托している。

入内許可の院宣と兼実のよろこび

望みが叶えられて、四月三日、入内許可の院宣に接したときの兼実の喜びはたとえようもなく、「歓喜の思、千廻・万廻なり」とその一端を日記にもらしている。任子の名も公卿の勘進によってこの時えらんだのであったが、これは『毛詩』の「大任、身あり。この文王を生む」の文によったもので、兼実がこの入内にかけた望みが何であったかはここにも明白である。兼実はこのことについて慈円との間に次の贈答をしている。

入内につき兼実と贈答

文治五年十一月五日夜、大雪降る。その朝殿下（摂政兼実）より御詠を給ふ。

雪ならぬ春のよしのゝ花はなを　さゆるにほひを見せぬなりけり

前庭の桜樹、白雪枝に積り、粧春花に似て、なお寒色を添う。詠吟する所は、高和を給わらんことを欲するのみ。　御判

これに対して慈円は、

恐れながら左右（そう）なく愚和を進ず。

いつしかと春をしるべき宿なれば　雪にも花のにほひ有けり

と祝福している。

入内を遂げた後、慈円はその祝意をこめて次の詠を兼実の子左大将良経におくっている。

文治六年女御の入内はてゝ左大将候（さぶら）はれしかば、雪のふりたるあした、御修法（みすほう）結願（けちがん）して出づとてかたりし歌、正月十四日になん。

みかさ山君がこゝろの雪見れば　さしてうれしき千世のはつ春

吹かへす昔の風にいつしかと　かげなびくべき君とこそみれ

これに対して良経のかえしに、

みかさ山雪ふりにける跡なれば　こゝろの春の末もたのもし

家の風つたふる宿のあたりをば　かげなびくべき道とこそ思へ

立后の祈

また四月には立后の御祈として平等院に不動法を修した。

其の春、思の如く入内・立后遂げられて世間の美談なりけり。

誰かこは見にくる人をとがむべき　花こそやどの主(あるじ)とはきけ

また次の一首もこの前後のものである。

みかさ山ながむる月は行末の　秋もはるけし秋の宮人

皇女の誕生

建久六年(一一九五)八月、中宮は皇女を生まれた。昇子内親王(春華門院)である。皇子の誕生を夢みてきた兼実の口惜しさは一通りではなかった。

兼実の祈願

文治五年十一月二十八日、兼実は入内の祈りの使者を木幡(こばた)(摂関家の墓所、京都府宇治市)の墓及び多武峯(とうのみね)(藤原不比等の影像を安置、奈良県桜井市)に遣わしたとき、その所懐(しょかい)を日記に次のとおり述べている。

多武の峯は氏の始祖なり。萬事、これを祈るべし、淡海公(たんかいこう)(不比等)はわが氏に王胤(おういん)の出來(しゅったい)し給ふ始なり。その後踵(あと)をついで絶えず。御堂(みどう)(道長)は、累祖(るいそ)のうち帝の外祖となるの人多しと雖も、繁華の榮は彼の公に過ぐるなし。宇治殿（頼通）以後、絶えてこの事なし。その始終を取らんが爲に、尤もこの兩所に祈り申すべきか。入内の本意はたゞ皇子降誕にある者か、憑む所はただ御社・御寺の靈應なり。

それはやがて祈禱に精誠を致した慈円の心でもあったであろう。

慈円はじめて宮中に召さる

慈円がはじめて公請（朝廷の招請）をうけたのは文治五年（一一八九）三十五歳、後白河院御悩の時であり、建久三年（一一九二）同院崩御に際しても修法している。しかしとくに宜秋門院任子を通じて生じた後鳥羽天皇への接近は、公私いろいろの点において極めて重大な意味をもち、深刻な影響を彼の一生の上になげかけたのであって、今後の慈円の社会活動の大半はこの関係を中軸としていると言っても過言ではないのである。

頼朝東大寺供養に上洛

建久元年（一一九〇）十月、東大寺落成供養列席を機に源頼朝は、はじめて上洛し、摂政兼実と内裏に相会した。文治元年の頼朝の奏請にもとづく兼実の内覧以来六年、相互支持の関係の仕上げがここに施されたが、この九条家と源氏との親近関係はやがて座主顕真の入寂（建久三年十一月、一一九二）を機として慈円の座主就任を実現させる。すでに前回の座主交替、即ち文治六年（建久元年）座主全玄入滅後の廷議においても、慈円はその後継者の候補にあげられている。この時は兼実はこれを希望しつつもなお自専のそしりを憚って、強く主張することをさしひかえていたのであるが、ここに至って遂に宿意をとげることとなった。兼実は早く関東の意向をただして、予めその支持を求め、充分の基礎工作はすでに成っていた。座主について関東よりの「かくの如き事、下知の子細、ただ左右は御定にあるべし」との返書を手に入れていたのである。

第一回の座主就任

慈円の第一回座主就任はかくして実現した。同時に権僧正に叙し、ついで護持僧・法務に補せられた。時に三十八歳。以後五ヵ年にわたって建久七年（一一九六）四十二歳までその職に在った。

藤原明衡の『新猿楽記』に、天台宗の学生（中略）期する所は天台座主のみといっている。出自よりすれば、ほとんど予期した所であり、年齢よりすれば、早からずとするも、座主就任が慈円にとって一つの喜びであったことは想察してよいであろう。この時、かねて相善かった藤原俊成はこれを祝って、雪の朝に一首の歌を贈っている。

みねの雪こゝろの底をきゝし時　山の主とはかねてしりにき

座主就任の感懐

慈円のかえしの中に、

いさや雪をかしらのうへにうつすまで　山の主ともおもふべき身か

と、座主職を以ておうけなき職とする辞令の中にもこれを敬重する念がほの見えている。

山門四箇の大法

熾盛光法・七仏薬師法・普賢延命法・安鎮法の、いわゆる山門四箇の大法は原則として座主のみの修する所で、また本来朝廷のための御祈りであり、同時に多年の受法・習学を実地に行(ぎよう)ずる機会がここに与えられるのであって、僧侶としての本懐といわねばならぬ。

七仏薬師法

慈円がはじめて七仏薬師法を修したのは、座主となって後約三ヵ月目、建久四年正月、主上(後鳥羽)御疱瘡の際である。あたかも、先師全玄(建久三年十二年十二日寂)の中陰に当って、比叡山中堂の拝堂を延期した時であった。拝堂以前に御祈りに参るのは憚るべきであろうと慈円は躊躇(ちゆうちよ)した。廷議はその要なしとしたが、慈円は重ねて、かの法は妓楽(ぎがく)を伴う、亮闇(りようあん)(この年三月、後白河法皇崩)中、禁中の音楽は憚あり、叡山の中堂においてこれを修せんには拝堂以前であって、進退きわまる、といっている。兼実はこれを内大臣藤原忠親の意見に徴して、今回は妓楽を省くこととした。以上が、慈円がこのたび、この法を行うに至るまでの事情である。これもとより当然の処置とはいえ、慈円がいかに慎重な態度を以て臨んだかをうかがうべく、座主としてはじめて大法を修することの頗る容易ならざりしこと、察すべきものがある。

四箇の大法をはじめ、いわゆる大法・秘法はこれを修する阿闍梨にとって苦心と緊張、不断の習学と研究が要求され、従ってこれを勤めおおせた喜びもまた大なるものがあったであろう。

祈禱の生涯のはじまり

この建久四年正月の七仏薬師法に内裏（だいり）に候した時、

雲の上に今日のみ雪を見ざりせば　世にふるかひもなき身ならまし

とよんでいる。多年の蘊蓄（うんちく）を晴の場に傾け得た快心の情こそは、時にとっての「世にふるかひ」であった。すなわちここに慈円の、朝廷のため、そして、それを通しての天下のための祈禱の生活がはじまる。凡そ六十五歳ころまで三十年を中心として、先の四箇の大法をはじめ大法四十ヵ度、その他は挙げて数え難しとせられているが、仏法興隆という青年時代からの大願達成への展望が開かれたのであって、そこにこの座主就任の最大の喜びと意味とが存したのである。

慈円の祈禱についてはなお後に触れたいと思うが、この座主在職中、とくに力

大乗院建立

を注いだのは建久三年(一一九二)に無動寺に大乗院を建立し、ついでここに勧学講を開いたことであって、これまた、仏法興隆の長年の素志の実現なることはいうまでもない。大乗院はもと兼実の願(がん)に端を発したものであるが、先にのべた通り、文治二年(一一八六)ごろから計画され、両人の緊密な協力のもとに推し進めていたのである。

大乗院の沿革

大乗院はもと座主寛慶(一一二三 保安四年)の住房であり、青蓮院の行玄・覚快と次第に相伝して慈円に至った。が、その間に坊舎は朽ちて空地となり、慈円はその復興の志をいだきつつ空しく日を送っていたのであった。

九条師輔の先例

兼実が皇嘉門院のために九条院に仏事を復興したことは前述の如くであるが、彼はさらにこれを厳飾(ごんしょく)してその恩にむくい、且はこれを以て順次の往生を祈り、あわせて家門の安穏、子孫の繁栄を期した。それは先祖の九条師輔(もろすけ)が叡山に三昧院等をたて、この護持によってその末が栄え、天枝帝葉(てんしていよう)、多くその後胤(こういん)に出ているにならおうとしたものに外ならぬ。

大乗院供養

仏法の興隆と家門の繁栄という二人の志は相合して、無動寺に門院のための一院を建立する計画となり、もとの門院の御所を山上に移建し、門院の遺髪をこめて供養した弥陀・弥勒・地蔵三体の像をはじめ新加の観音・勢至の像、ならびに慈覚大師・相応和尚以下この地に有縁の高僧の真影を安置し、荘厳その美をつくした大乗院が落成した。建久五年（一一九四）八月十六日、良経の筆になる大乗院の額をかけて新装成った新御堂の供養が行われ、兼実は公卿五人をひきいて登山して、願文をささげてその素志を仏前に披瀝し、慈円も敬白文をささげ、諷誦を以てこれをたすけた。やがてここに有職三口（八三）が置かれることとなった。

大乗院の風光

大乗院は叡山の最南部に位し、風光絶佳の地であった。かつて慈円は大乗坊よりの眺望を、

もろこしの人に見せばやからさきに　さゞ浪よするしがのけしきを

と詠んでいる（文治五年九月）。また西行も次の一首をここにとどめている。

円位上人無動寺へのぼりて大乗院のはなちにうみをみやりて
にほてるやなぎたるあさに見わたせば　こぎ行跡の浪だにもなし

慈円はこれに対し、

ほのぼのとあふみのうみをこぐ舟の　跡なき方に行こゝろかな

と和している。

兼実の供養願文に、「この地の體たる、南向は則ち眺望渺々、都鄙遠近、ことごとく眼前にあり、北顧するもまた峻極峨々たり。雲霧朝夕に湖上に生じ、湖水満ちて前に湛う。青草を模するの浪色・澗戸深くしてかたわらにあり、赤松澗の風聲を傳えてその勝絶を聞く。尤も賞歎するに足る」とたたえている。檜皮葺三間四面の堂一宇、といえば決して規模の雄大を以て誇るものではないが、秀抜なる自然と相映じて、女院の御堂たるにふさわしかったであろう。願文はこの点にふれて、「然れどもなお高堂・大館は旅宿なり。金刹の縁に由なし」といっている。

大乗院における勧学講

大乗院は、かくして、もと兼実の願に発し、慈円がこれに協力して成ったものである。その意味において本来九条家の私的な仕事にすぎない。が、慈円はこれをここに止めず、これを巧みに利用して人物養成の公器たらしめた。すなわち、ここに勧学講を開いて未来際を期したことがこれである。

承元二年（一二〇八、五十四歳）の『天台勧学講縁起』にこの勧学講開設の動機をのべてこういっている。

> 去る建久四、五年のころ、心中に思惟して云ふ。末代の佛法修學の道陵遅（衰微）す、まことに愁むべし。愚痴闇鈍の人、次第に生を受くるが故なり。教門の方便を儲けずんば、いかでか末法の衰崩を扶けんや。

学問衰退の歎き

当世の学問衰退の歎きが日夜慈円の念頭を離れなかったことは『愚管抄』にも、

惣ジテ僧モ俗モ今ノ世ヲ見ルニ、智解ノムゲニ（全く）ウセテ學問ト云コトヲセヌ也。

といっているのにも知られる。

建久六年（一一九五）九月を以て第一回の勧学講が開かれ、先達四十人・講衆六十人、合計百人の僧を清選（選厳）して顕密の学を講ずることとし、かつ、論議の成績抜群の者を公請に推挙することとしてこれを励ました。慈円はみずから「勧学講といふ、無二無三前代未聞なる講」と言い、兼実は「第一の仏法興隆なり」といっている。

勧学講の組織

研究講学は仏法興隆の第一歩であり根本であり、講学は強い道心の上にのみよくきずかれ、永続する。が、それとともにこれを支える用途（用費）の必要なることも言をまたない。「道心の中に衣食あり、衣食の中に道心なし」（『一心戒文』）という伝教大師のことばも真理であるが、一山の最高責任者としては、衣食においても万全の用意あるべきは当然である。この点について慈円は深い理解と同情とをもっており、「生を重んじて法を軽んずるは末代なり」と言い、「財に耽り宝をむさぼるは当機なり」として、末代・末法の語に託してこれにむしろ同情し、従って、「衣鉢の支え(修業の費用)なくして誰かよく佛法を学ばんや」となし、また「若し田苑の貯えなくば人豈に當山に止住せんや。これ又、聖教に違わず。佛といえどもみな供養をうけて衆生を利益す。これ佛教の常途にして末法の正道なり」といっている。かくて彼は源頼朝によびかけて、平重盛の遺領であった平泉寺領越前の国藤島庄の年貢千石を山上に分給してこの講の資に宛てることに成功した。この年、

頼朝の援助

頼朝再度入洛の事あるや、六波羅に会してこの事を相語ったことは『拾玉集』に、

　興隆庄藤島事申とて、こなたかなたにかゝるべきなりとつねにそ
　へごとに申さるれば

君ゆへにこし路にかゝる藤浪は　わがたつ杣の松の末まで

頼朝のかえしに

勧学講のその後

墨染のたつ杣なれば藤島の　ひさしき末も松にかゝるか

勧学講はかくして発足した。その後一年間、慈円の座主在任中は引つづいて行われたと思われるが、建久七年(一一九六)十一月、政変にともなうその辞職・籠居とともに、一時中絶の運に際会せざるを得なかった。慈円のあとを襲って座主となったのは承仁親王、ついで弁雅僧正であった。八年六月、山の大衆は藤島庄を千僧供用途にあてられんことを請うたが、源通親が反対してそのままになった、と伝えられている。慈円はこの点について、承仁・弁雅が座主の間、仏法興隆の思いなく、悪徒・天魔の心に住して勧学講を停止すと歎じている。とにかく慈円の手をはなれるとともにそれが動揺したことは明らかである。建久八年の詠に、

よのなかをおさむる人のなきまゝに　とりちらかすを見るぞ悲しき

とある。具体的に何をさしているのかは知り得ないが、先の語と照して考えると、或いは勧学講停止のいきどおりではないだろうか。この講の興隆については、さ

らに慈円の、後の再就任に待たねばならない。

兼実の失脚 座主およびすべての公職を辞す

建久七年(一一九六)十一月、慈円は四十二歳を以て座主・護持僧・権僧正等の職位を辞して籠居した。その直接原因は摂政兼実の失脚にあり、中宮任子(宜秋門院)も宮中を退出され、九条家の勢力は廟堂から一掃された。大納言源通親及び後白河院の寵姫丹後局等の政敵の運動が功を奏して、ここに摂政は前関白近衛基通にうつり、通親が背後にあって実権を握った。

座主の進退

座主の地位が政争の具にもてあそばれることはすでに由来遠いことであり、慈円も若年のときからこれを眼のあたりに見ている。平清盛が明雲を支持して山徒を制したが、平氏の都落ちとともに没落・横死し、俊堯が義仲の引汲(援助)をえたが、わずか二ヵ月で義仲と運命を共にして山門を追却されたのはその近い例である。

政界と僧界

また延暦寺内の学統・門跡等の対立と勢力争い、派閥的反目も劣らず烈しく、座主交替ごとに候補者の間の競望がたえなかったが、この競争とかの政争との交錯の渦中にみずから立った慈円が、いかなる感をいだいたか、これを直接にきくことの出来ぬのは遺憾である。が、ただ『愚管抄』に、みずから「慈円僧正座主辞シタル事ヲバ、頼朝モ大ニウラミヲコセリ」といっているのは、ただに頼朝からの消息の内容を伝えているに止まらず、慈円の感情の一端をほのめかしているとも見るべきであろうか。

四　宮廷を中心として

第一回座主就任（建久三年 三十八歳）前後から、宮中生活は、慈円において大きな幅を占めてくる。この新しい経験は彼の生活に明るい光を投げかけ、晴がましい場面を展（ひら）き、そして後年においては懐かしい思い出の種ともなっている。建久元年（一一九〇）の作に、

雲のうへに今日たちそむる春の色は　たちゐる人の袖に見えけり

九重ににほふみはしの桜こそ　奈良の都になをまさりけれ

とことはに春の心やさかゆらん　藤壺にすむ秋の宮人

ほかはをはず宿のものとは九重の　みはしの花のさかりのみこそ

また

法の師は三世の仏をとなへつゝ　千年を君にかさねてぞ行く

は歳末宮中の御祈りに加わった時の実感であって、歳末のころ、かたがた御修法(みすほう)勤行(ごんぎょう)の間、寸暇なし、とみずから説明している。

天台座主

当年の座主職(ざすしき)がいかに貴族化していたかは、たとえば、仁安二年(一一六七)度新補の座主明雲が拝堂のために登山したときの、「本山の諸司・中綱(ちゅうごう)・房官十人、前駈たり。各〻金銀をちりばむ。僧綱(そうごう)六人・已綱(いこう)四人、車を連ねて扈従(こしょう)す。これ又各〻の前駈の童子、綾羅(りょうら)を繡(ぬいとり)す」という有様にも明らかであり、要するにその面のみからいえば、法衣をまとうた公卿・殿上人(てんじょうびと)に外ならない。そしてこの華やかな法衣、多くの伴僧(ばんそう)、そして僧俗の注目と尊敬とのうちに送った都や宮中の生活を、慈円が楽しんでいることは以上の詠にも察せられる。しかしながら同時に注意されねばならぬことは、それがあくまで一応の楽しみであり喜びであって、彼の心が、その底において、満たされぬ何ものかにたえずとらえられていたこと、そしてそれが世間的栄達・顕貴につれてますます強く逆流しはじめていたことである。

顕栄の底にあるもの

身はうき世に心は山に

　身ばかりはさすがうき世をめぐれども　心は山にありあけの月

は建久元年（一一九〇）三十六歳、あたかも任子立后の御祈りに従っていたころの詠であり、また翌二年のころ、

　山ざとに心ばかりはうつりゐて　なにとかまよふうき身なるらん

　春をへて身はよそながら青柳の　いとふべき世に心乱れぬ

とうき世をいとう心を表白（ひょうはく）している。同じころまた、

　何事も思とをらぬ身なれども　心ばかりはとまらざりけり

と身と心との問題をつきつめて、その解き難きを嘆じている。やはり同じころ、

河竹のおきふしおもふ事や何　いかでうき世にたちはなれなむ

世の中をすてはてぬこそかなしけれ　思しれるも思しらぬも

世の中はふるにかひなきものなれば　野べのすゞむし声うらむなり

世の中にしたがふかひもなき身こそ　うきねのかもの心ちこそすれ

はけ口としての歌

沖にもつかず磯をも離れて漂っている彼の思いは、問うに人なく訴うるに所なしともいうべき有様であったであろう。「思あまればひとりごたれて」と彼は若い時（二十二・三歳ころ）の詠にいっているとおり、一生を通じて、胸にあふるる思いをいだいてそのはけ口に困（くるし）んでいるのであり、それがあふれて歌の形で流れ出てくる。はじめ人に向っていた流れの末は結局、独白でおわっている。——そういう形がここにもあらわれてくる。同じ時の詠に、

千代ふともとけてややまむ結びつる　身のうきことはいはしろの松

身のうさに人のともをばはなれきぬ　まがきの竹よわれをいとふな
何事を思ふ人ぞと人とはゞ　答へぬさきに袖ぞぬるべき

右は座主就任以前であるが、建久五年(一一九四)すなわち座主在職第三年の作にも、をしかへし思しるかな世の中に　ながらふることそうき身なりけれ
いかにして今まで世にはありあけの　つきせぬ物をいとふ心は
何故にこの世を深くいとふぞと　人のとへかしやすくこたへん

と同じ思いをのべて、心ならずもうき世に立ちめぐる己れをみつめている。

心身の背馳の克服

この心身の背馳(はいち)に苦しむ心は、しかしながら、他方よりすれば、進んでこれを克服してまことの道をそこに見出そうとする努力に裏づけられていること、そういうものが早く芽ばえつつあったことは前述した通りであるが、それは次第にはっきりした形と方向とをとってきている。

都にもなを山里はありぬべし　心と身とのひとつなりせば

も建久元年の詠であるが、内心と外相、理想と現実との間に一の調和点を見出そうとしているこの一首は、彼の内心の苦闘の道程にさしそめた、一の曙光（しょこう）であるともいえよう。

思想的転機

以上のように観てくるとき、われわれはここに、慈円の思想の上の一つの大きな転機を見出す。彼が

四十歳ごろの感慨

四十（よそじ）までうれへの緒にはつながれぬ　さてわれ許せ住吉の神

四十まで衣ばかりはぬぎかへて　心はおなじうの花の里

と言い、また

世の中のふかきあはれをしりながら　よそぢはすぎぬ住吉の神

とよんでいるのは、峠（とうげ）の上に一休みして、静かに過ぎ来し方をながめている姿であり、

しひしばのしばしと思ひし世中の　四十（よそじ）の冬になりにける哉

も同じ感慨であろう。

経にけりな四十の秋はをみなへし　色にそめてし心かへらで

経にけりなあさぢが末の夕露を　心にかけて身は四十まで

体験と反省回顧

長い体験の反省と回顧を通じて一の落つき、一の悟りに立っている。都にも山里がある、世間の中にも出世間がある。否、世間・出世間の二つがあるのではなく、一つの世の中、一つの人生があるだけでなければならぬ。菩提は煩悩の中にこそあらねばならぬ。――

煩悩即菩提

位山峯には近くのぼりゐぬ　なほこゑずとも立ちかへりなむ

これは建久五年(一一九四)座主として活動中の詠である。位山は登るもよし、登らぬもよし、それは青年時代に気にしたように避けるにも及ばず、また登ってみれば下から仰ぎ見た程高いものでもない。しいて執着するにも足らぬ、という実感であろう。

五　隠棲と静観

九条家失意慈円静観の時代

建久八年―正治元年（一一九七―一一九九）慈円四十三歳から四十五歳、九条家失意時代はまた慈円の閑居・静観の時代であった。

源通親

土御門天皇が建久九年正月に四歳を以て即位せられた。それは源通親の計らいによるものであり、兼実はこれに強い反感を示して、「桑門の外孫、かつて例なし。」しかるに通親卿、外祖の威を振わんが為なり」といっており、この点について慈円も全く感情を同じくし、「能圓ガムスメニテコノ承明門院ヲハシマス腹ニ、王子ノ四ニナラセ給ヲ踐祚シテ」と言い、さらに「サテ帝ノ外祖ニテ能圓法印現存シテアリシカバ、人モイカニト思ヒタリシ程ニ、ホドモナク病テシニヽキ。ヨキ事ト世ノ人思ヘリケリ」とまでいっている。通親は、源博陸（関白の唐名）と綽名され、外祖の威をかりて天下を独歩すると評せられた。

西山隠棲

職を辞した慈円の隠棲したのは西山であった様である。が、時折出京して、京の政界と叡山との動静にはたえず注視している。

頼朝・兼実・慈円

慈円の辞職を遺憾とした頼朝は、その後兼実・慈円との間に連絡しつつ京の政界の状況の把握につとめている。土御門天皇御即位は兼実が「譲位のこと風聞す。天下の事、倉卒より起り、人皆仰天す」といっているように、咄嗟の間に実現されて、その間幼主の即位に反対した幕府の意向は全く無視された。頼朝は同じ立場にある兼実に好意を寄せて、消息を以てその意のある所を明らかにしている。内容は不明であるが、兼実がこの消息に接して、「今日東札（鎌倉の書状）到来。その詞快然、かえって恐をなす」と恐縮しているのをみれば、恐らくそれは兼実を慰め、かつ今後の協力を求めたものであったかと推測される。慈円も関東よりの書状を受けてこれを兼実に示し、これを奏聞すべきことを勧めている。

将来を期してしばらく隠忍していた兼実・慈円らにとって、恰もこの時、思わ

頼朝の急逝

ぬ不幸がおとずれた。正治元年(一一九九)正月十三日の、源頼朝の急死である。「万ノ事存ノ外ニ候」とは、この報せに接した時に慈円の兼実に言い送ったことばであった。

頼朝への傾倒

慈円はひとりその立場において頼朝に接近していたのみならず、その人物に深く傾倒して、末代の将軍に稀な、抜群の器量の人物だとたたえている。元来、慈円が頼朝と相語ったのは建久六年三月の上洛の時だけだと考えられるが、この時、六波羅や内裏で両人が一度び語るや、忽ちにして百年の旧知の如く、相共鳴し相推服して深く契る所があった。

頼朝との和歌贈答

五月まで在京の間、頼朝との間に、日々和歌の贈答をしているが、その当意即妙の応答ぶりに、さすがの慈円も、かくの如き贈答をなしうる人は極めて稀有だ、自分にとってまことに好敵手だ、と口をきわめてほめたたえている。『拾玉集』はこの贈答に頼朝の詠三十七首をとどめている。容易に人に許さぬ頼朝をしてここに到らしめたところに、また慈円の人物が想見される。

建久八年正月には青蓮院の祖師行玄のための曼荼羅供を行い、同年七月には重ねて西山に法橋観性のために如法経を写してその追善に資している。観性は仏法興隆を相誓った慈円の同行であったが、さらに重大なことは彼の仏眼信仰が慈円の思想の方向を決した大きな力であり、慈円の「道理」の思想への開眼はそこに端を発しているという点である。建久元年十一月の観性の寂後、追慕推重の念は年とともに篤く、忌日ごとに法会を修しており、またその思想は慈円の常に深く信仰服膺する所となっている。観性の著『大海抄』を門跡の聖教に加えていることもその一のあらわれに外ならない。

正治元年(一一九九)六月十八日、同母兄兼房の出家に当ってはその戒師をつとめ、同十一月には法眼公円に、翌二年正月には慈教(後に慈賢)および恵弉に灌頂をさずけており、地位・経歴において、慈円の重きをなしていた様が知られる。

六　活躍の時代

活躍の頂点

十八年の無為

顕栄をきわむ

正治二年―建保二年（一二〇〇―一二一四）、慈円四十六歳から六十歳。慈円一代の活躍はこの期を絶頂としている。後年、彼はこのころを回顧して、元久元年より承久三年まで（一二〇四―一二二一）の十八年間を以て天下泰平の時代として推し、「かの十八ヶ年の無爲無事（ぶいぶじ）・治天下（ちてんか）はあにこの祈願の效驗にあらずや」といって、これを自分の法験に帰している。そのことは修法の根本道場を建立して修法をここにうつしていわば自主的・本格的な祈禱の態勢をかためたことに関係している。この間、座主たること三回、四天王寺別当となり、官、大僧正に至り、さらに牛車（ぎっしゃ）の宣旨をこおむって顕栄をきわめた。また後鳥羽上皇をはじめ、藤原定家・同家隆・僧寂蓮らとともにいわゆる新古今時代を開き、歌人としてもっとも華やかな活動のあとを残している。無為無事にして天下の治まった時代、という印象は、一面からすれば世間的活動においてよく本領を発揮しえた慈円一身の身辺の事情にもとづくものといってよいであろう。

後鳥羽院院政の開始

後鳥羽院は建久九年遜位（譲位）され、「意ニマカセバヤ」という素志を達して院政を開始される。宝算十九より二十年間、承久にいたるまでの後鳥羽院の時代が展かれる。

関東の形勢

頼朝の世を去ったのは院政開始の翌年に当る。以後、二代将軍頼家、三代実朝の時代は、一方よりみれば幕府の動揺期であり、他方よりみれば執権政治への胎動期・準備期に当っている。将軍の暗殺、幕府草創の功臣や権臣の滅亡、これをめぐっての諸勢力の角逐と離合集散、そしてその全体を北条氏の勢力の確立という一本の太い線が貫いてゆく。関東のこういう内紛は京都にとって、当然、武家の圧力の減少を意味する。源平合戦後すでに十数年の京都にかくて小康状態が出現する。後鳥羽院の院政時代はこういう礎の上にきずかれたのであって、それは院の個性の強くあらわれた、後鳥羽院時代とも名づくべき、特色ある時代であった。

手腕家源通親

源通親は九条家をおさえ、関東の勢力を巧みに排して土御門天皇の即位を実現し、外戚として政局の中心に坐し、同時に、後鳥羽院に対しても後院(ごいん)（仙洞御所）の別当となり、その妻範子は院の御乳母(めのと)であったという関係を通じて隠然たる勢力をもち、当時の朝廷において、第一人者を以て目(もく)すべき政治家であった。然るに彼は、院政開始後間もない正治二年（一二〇〇）ごろすでに院の自由奔放なる振舞を見て、「今においては吾が力及ばず」の歎声を発しているのであって、もはや二十歳を過ぎられて御心のままに院政を見られようとする院に対して、一指も染め得ざるに到っている趣きがみられる。ことにその後まもなく建仁二年（一二〇二）十月の通親の頓死はこの空気を一そう濃厚にした。

通親の死と九条家

ここに建久七年に沈淪(ちんりん)した九条家に久しぶりに春がめぐってくる。土御門天皇即位とともに関白から摂政にうつった近衛基通に代って兼実の子良経が摂政となったのは、両摂籙家の間の摩擦を和らげようとせられた院の苦心に出ずるものであって、慈円はこの点について、それは、院が、九条家の失意が元来、院の意に出でたものでないということを人々に示そうとせられたのだ、といっている。かくて、建久七年以来、門をとぢ客を謝していた良経は、正治二年二月に五年ぶりで参院拝謁したのであって、この時の良経の感慨を兼実は、「五廻の春霞をひらきて一人の天顔を拝し、感涙を拭いて懐舊す」と伝え記している。

九条良経の頓死

然るに建永元年(一二〇六)まで四年間摂政の地位にあった良経は、同年三月に頓死をとげ、摂政の地位はまた近衛家、すなわち基通の子左大臣家実にうつった。当時良経の嫡子道家はなお弱冠十四歳であった。かくて安貞二年(一二二八)まで約二十二年間、家実の摂関時代がつづくのである。

後鳥羽院は承元四年(一二一〇)天皇より位を皇太弟にゆずらしめられた。すなわ

順徳御即位

ち順徳天皇である。天皇がこれより先正治二年（一二〇〇）に皇太弟に立たれたのも院の御意に出で、通親の協力によって実現したのであったが、後鳥羽院はかねて順徳天皇の即位、そしてそれと同時に良経の女の入内を予期せられ、良経に仰せ合わされたという。承元三年に約束どおり良経女立子が皇太弟の御息所となり、翌年即位（順徳天皇）とともに女御に至った。東宮に入った時、慈円の弟子、良経の弟良快がその御祈りをしている。

兼実の薨去

また良経薨去の翌承元元年（一二〇七）、一生にわたって慈円の最も恃みとした兄兼実が六十歳を以て薨じた。晩年の兼実との関係は詳細は明らかでないが、兼実が篤く帰依していた法然源空を慈円が非難していることは、この関係においてとくにわれわれの目をひくところである。

兼実・良経を喪った承元・建保の交（一二〇七―一二一八）において慈円は、良経の弟左大臣良輔に、そして良経の子道家に望みを嘱しつつ、他方、良経の女立子の入内

九条家の中心に

を通して九条家の将来を待った。すなわち、かつては九条家の庇護のもとにあった慈円は今やその中心ともいうべき地位におかれたのである。慈円の政治的関心はその由来遠く深きもののあるは言うまでもないが、しかも、彼の政治論の展開を必要としまた必然ならしめたことの直接の有力な動機の一は、彼のおかれたかかる地位ではなかったであろうか。

摂政と同じ地位

山ノ座主慈圓僧正ト云人アリケルハ、九條殿ノヲトヽ也。ウケラレヌ事ナレド、マメヤカノ歌ヨミニテアリケレバ、攝政トヲナシ身ナルヤウナル人ニテ、必參リアヘト御氣色（後鳥羽院の）モアリケレバ、ツネニ候ケリ。院ノ御持僧ニハ昔ヨリタグヒナク賴ミ思召タル人ト聞ヘキ。

院の多能・多芸

と慈円は後鳥羽院との結びつきの由来をみずから述べている。院の女御任子の入内は建久元年（一一九〇）慈円三十六歳の春であり、座主・護持僧となったのは建久三年、院政開始の六年前に当る。建久七年座主辞任以来四年の隠棲生活の後、はじめて院の御祈りに召されたのは正治二年（一二〇〇）であった。院はきわめて多芸・多能・多趣味で、管絃・蹴鞠(しゅうきく)・雙六(すごろく)・小弓、さらに刀劔鍛錬にまで及ばれた中にも、和歌において天成の風骨を得ていられた列聖中の名家であることは周知のとおりである。

歌を中心としてのむすびつき

慈円が護持僧として親しく宮中に奉仕した前後において、両人の歌の趣味は離れがたく互いをむすびつけて、忽ち意気相投(あいとう)じ、慈円は院の歌筵(かえん)に欠くことの出来ない存在となった。藤原定家は、慈円出仕の翌建仁元年（一二〇一）四月のころ、院の御歌会に慈円の参(さん)ずることをのべた中に「座主（慈円）又昼より祗候し給う。和歌の事仰せ合わせらるるか。近日無雙(むそう)の相物(あいもの)（一本桐物(きれもの)・切者の意か）に御座(おわす)」と評している。かくて慈円の一生において最も華やかな場面が展開する。

歌壇

慈円が歌壇に認められはじめたのはいつのことであったろうか。文治三年（一一八七）三十三歳の年に成った『千載集』がその歌十首を収めていることは一つの目標になる。

俊成に知らる

撰者俊成は、これより先、治承元年（一一七七）の藤原清輔の卒去後、兼実がしばしばその邸に延(ひ)いて歌の師と仰いでいる。慈円は恐らくこの関係を介して俊成と交わったと思われるが、遅くとも建久ごろには両人の間に親交関係が生じている。例えば建久三年(一一九二)慈円が詠じた住吉百首をみて俊成は、

神もいかに心にそめててらしけむ　御法の後のことのはの色

の一首を贈っている。建久四年(一一九三)に俊成の許へ、「つら〳〵思ふ、禅門(俊成)この歌に長ず、十首の贈答を後代にのこさんと欲す」云々、と消息して十首歌の贈答をしている。また同六年に俊成より、その子成家の官職の昇進のことにつき、兼実への仲介を慈円に依頼している。俊成への接近は歌壇への接近を意味する。また寂蓮とも早く親しみ、文治三年には、兼実の出題について二人相共に百首を詠じている。かくて、院・俊成・定家・寂蓮等との関係がすでに文治・建久の交に成立っていたことは明らかに知られる。

かくて院を中心とする歌道の興隆時代、いわゆる新古今時代を迎える。正治・建仁以後(一一九九―)頻繁を極めた院の歌御会や歌合の席に慈円の列しなかったこと

和歌所寄人

は殆どないといってよく、さらに建仁元年(一二〇一)七月、院中に和歌所をおかれた時も、その寄人に加えられている。元久二年(一二〇五、五十一歳)『新古今集』が撰進された時、慈円の歌の採用さるるもの九十首をこえて、数において西行に次ぎ、現存の人々の中では首位を占めている。『新古今集』は定家の撰であるが、また真の意味において院の御撰といってよい。院は一生を通じてこれが清撰に清撰を重ね、切出・切継をくりかえされ、精魂を傾けてみがき上げられたことを思えば、歌における慈円尊重・優遇の程が知られるのである。院が慈円の歌をいかに評価せられたかは、なお、『後鳥羽院御口伝』の批評にその一端がうかがえる。

後鳥羽院の慈円和歌評

> 近き世にとりては大炊御門前斎院(式子内親王)・故中御門攝政(良経)・吉水大僧正(慈円)、これら殊勝也。(中略)大僧正おほやうは西行がふりなり。すぐれたる歌はいづれの上手にもをとらず。むねとめづらしき様を好まれき。

さらにまた

されどもよのつねのうるはしくよみたる中に最上のものどもはあり。

ここには慈円においてめづらしき様、すなわち一種風がわりな点と、一見普通の、巧まざるものの中にある最も美しきものとを指摘され、とくに後者を高く評価していられる。そして前者の例として

やよしぐれ物おもふ袖のなかりせば　木葉(このは)の後に何をそめまし

ねがはくはしばしやみぢにやすらひて　かゝげやせましのりのともしび

などをあげ、後者としては

わが恋は松をしぐれの染かねて　真葛(まくず)が原に風さわぐなり

霜さゆる山田のくろのむら薄(すすき)　かる人なしに残るころかな

などを例示していられる。極めて簡潔であるが、慈円の歌を評してまさに金的を射ていられるというべく、院の慈円への深い関心と理解とがよく示されている。

和歌の交わりと心の交わり

十数年にわたる両歌人の交わりは、歌の交わりをこえて心の交わりにまで深め

遁世を許されず

られる。院と慈円との相許し相敬し相恃むことのいかに深かったかは、この間に慈円が頻りに隠棲の事を乞うても許されず、また第三度の座主を辞したときには、職を遁れても遁世すべからず、近く本房に安坐すべし、との勅命を得ていることなどにも知られる。元久二年(一二〇五)十月、院が摂津水無瀬殿を供養せられた時の趣深い多くの贈答歌は、この心交を示すよき記念碑ともいうべきであろう。

君かくて山端深き住ゐせば　ひとりうき世に物や思はん

と奉ったに対し院の御かえし

院のしるべ

なほてらせひとり此世に君をきて　山端思ふ心ふかさを
さても猶山のは思ふ道はよな　君ぞしるべの限なるべき
うき事はいづくも同じ空の月　都の山にしばしやすらへ

さらに慈円より

君がよをさしも思はぬ身なりせば　少しもよそに思はざらまし

もろともにのべの露とや消えなまし　君が恵の春にあはずば

御かえし

頼むともこは叶はじと思ひしを　深き心の色やみえけん

恵ゆへ春の日影になれなれて　消せぬ露をあはれとぞ思ふ

慈円より

かけまくもかしこき袖に置く霜は　消にし玉の光なりけり

いかばかり君しのばずばうからまし　なきあとまでも是ぞ嬉しき

院の御かえしに

置袖の露も光になるべくば　暗きに迷ふ道はあらじな

催すも慰むもなほ君ゆへに　うき世の中をさとり行くかな

慈円より

君がため都の山にやすらひて　慰めかねつ春の夜の夢

君がために都の山にすむ

御かえしに

　是もさぞなぐさめかねし此春は　今さらしなの月や澄けん

翌建永元年(一二〇六)三月、摂政良経のにわかの薨去に際しても、あまたの贈答がかわされた。慈円より、

　これぞこの世のことわりと思へども　たぐひなきにはねをのみぞなく

　かりの道を深くさとらぬ人は皆　浅ましとのみ思ふなりけり

院の御かえしに

　方々に袖ぞ濡れゆく大方の　世のことはりを知るに付ても

　法(のり)の道さとる心はしかや有らん　なほうぢ山のうらめしの身や

また慈円より

　烟立つ薪も今は盡きぬとて　かへればかねの声ぞ悲しき

院の御かえし

深き心を知る人

涙そふかへさや空もくもるらん　野寺の鐘の暁の夢

慈円より

世に住ば思ひ知らぬになりはてぬ　落る涙は又かひもなし

世の中を浅く思へば絶もせぬ　深き心は知る人もなし

院の御かえしに

世に誰か思ひ知らずとかけて言はん　涙の色はよその袖まで

世の中を秋もたえにし紅葉ばの　深きを誘ふ風ぞ悲しき

慈円は、この時、しきりに世をのがれんとした。その趣を聞かれて院は、さらに二首を贈られた。

津の国の難波の夢も世の中に　いとゞ住うき風の音哉

おしかへしなほ世の中を歎く間に　思ひいれたる暮の空かな

慈円と院との間柄は、単なる朝廷と高僧、君と臣との関係を超えた、人間的な、

人間的な尊敬と親昵

血のかよった、相互の敬愛と親昵（しんじつ）とによってつながれていたのであった。こういう点からみても、たとえば『正治二年百首』に見える

あさくなる御法の水を思ふとて　ふかくも君をたのみつる哉

身にしめて君をぞ思ふ神ぢ山　百枝の松の千世の嵐に

の如きも単なる辞令でなく、院に対する真情の発露に外ならなかったことを知るのである。

第二度の座主就任

西山の草庵を出た翌年建仁元年（一二〇一、四十七歳）二月には第二度の天台座主に任命された。任にあること一年にして翌二年七月、職を辞した。その翌建仁三年

大僧正

二月には大僧正に任ぜられたが、僧正を経ずして権僧正から直任（ちきにん）された最初といわれる。同年六月大僧正を辞し、その後は専ら前大僧正の称を以て呼ばれた。承元元年（一二〇七、五十三歳）十一月、院の特別の御計いによって四天王寺別当に補せられた時には、院から勅書を以て、辞退すべからざる由の恩命を蒙っている。建暦

第三度座主

二年（一二二一、五十八歳）正月第三度の座主職に補せられたのも、「汝に非ざればその人なし」との院の特別の仰せによってであった。この度々の任命について、

おもはざりき命ながらの山にまた　度々法の花を見んとは
あひがたき法にあふみの山高み　三度来にける身をいかにせん
三度来てまたかへりぬるみ山べの　露にしほるゝ身をいかにせん

との感慨をもらしている。

第四度座主

翌三年（建保元年一二一三）正月、一旦その職を辞したが、同年十一月第四度の任座主あり、翌二年六月までその職にあった。この四ヵ度の任命についても、みずから、「三箇度猶未曾有なり、況や今度おや。王事に背きがたきの間、なまじいに治山す」とのべている。

朝仁親王、慈円の室に入る

院の慈円への信頼はとくに第六皇子朝仁親王を慈円に入室せしめられたことによくあらわれている。すなわち入道道覚親王であるが、院は宮々多き中に、この

宮を殊さらに親愛せられ、従来は仁和寺の外に入室のことなかりし前例を破って、とくに慈円の門跡に渡されるのであると仰せられた。慈円は勅言肝に銘じ、当時と言い、将来と言い、深く仏法を伝持し門徒を哀憐して仏法の命をつがしめ給うべし、と承元四年の宮への寺院・領所・房舎・聖教などの譲状に記し、そして宮の法器を愛してその教育に心を傾けている。かくて院政を専らにせられた院の庇護と信倚と親愛とのもとに、慈円は順風満帆の勢いを以てその地歩を占めたのであって、ここに仏法興隆の素志の実現の機を得たのであるが、然らば彼の本領としての仏法興隆とは何であったであろうか。

順風満帆

伝教大師

伝教大師は『山家学生式』に、「生を軽んじ法を重んじ、法をして久住せしめ、国家を守護せん」と言い、また「仏法を住持し国家を利益し、群生を接引し、後生を善に進めんがためなり」と立宗の目的を要約し、また「真俗一貫」、すなわち仏法と王法（治政）との相即の立場を明らかにしている。

乱世

大師の衣鉢をつぐべき慈円が眼前の現実をとらえようとしたとき、そこに立ちふさがった最も大きな問題は、この時代が「乱世」であるという事実であった。戦乱がこの時代の最大のなやみであり、従って人々の求めたものが何よりもまず「天下泰平」であったことは、たとえば文治三年(一一八七)三月に、朝廷奉公の人、ならびに遁世の人にも、天下泰平のための意見を求められた院宣によくあらわれている。「天下泰平、日として思わざるなし。しかるに七ー八年この方、干戈しばしば起り、人皆軍旅に苦しみ、民すべて農桑を忘る」と言い、またさらに遁世者に対しては、次の注目すべき語が加えられている。

仏法と王法

それ遁世修道の人、時議に預らずといえども、佛法は王法によりて紹隆し、王法は佛法によりて長久なり。王法の衰微を歎くは卽ち佛法の繁昌を慕うものなり。功徳、眞實にここに在らずや。宜しく念佛・轉經の餘暇を以て、つぶさに隱すことなきの讜言を進ぜよ。兼ねて又當時の政務中、もし國に不利なるもの有らば、同じく條貫を勒して以て聽覽に備えよ。

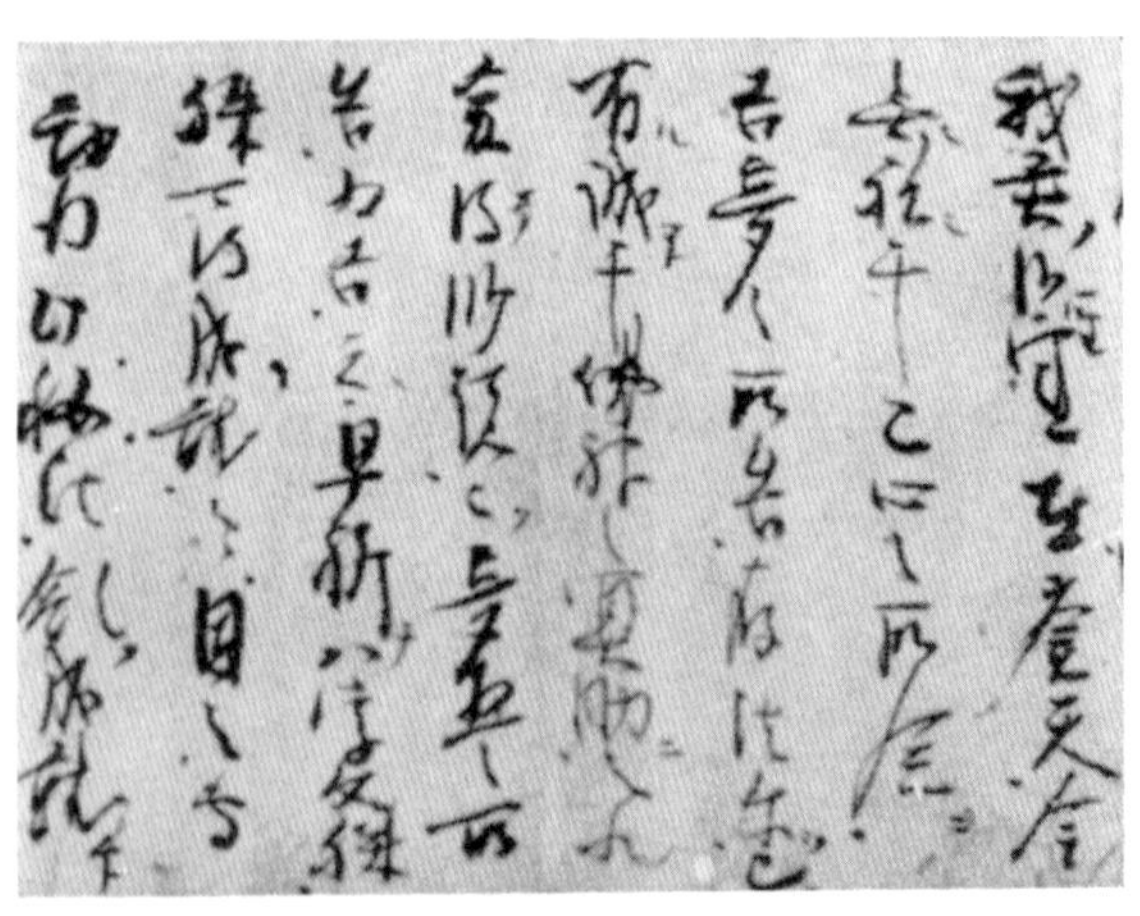

八字文殊表白　慈円筆　（曼殊院蔵）

〔図版解説〕

我君御聖運在ニ蒼天一。全無レ私ニ于己心之所念一。吉夢之所レ告、存ニ法爾一。已有レ誠ニ于佛神之冥助一之歟。爰得ニ師説一云、夢想之所レ告爲レ吉之。早祈ニ八字文殊一、殊可レ得ニ成就一云々。因レ之専勤ニ行此秘法一、願ニ成就一。

八字文殊法は、異国侵寇・悪臣背逆の災を消し、また天災・兵陣等の難をさけるなどの為の行法であり、慈覚大師門流の秘法とされている。年紀は記されていないが、文中に「奉為東宮殿下御願」とあるのは、或いは慈円が、その御即位を翹望していた懐成親王（後の仲恭天皇、順徳院皇子建保六年十一月立太子、承久三年四月即位）に、「大施主近衛大将」とあるのは、慈円と親交のあった西園寺公経に擬せられる。公経は承久元年十一月十三日に右大将になっている。もしこの想定に従うならば、この表白の書かれたのは大体承久元－二年の頃と思われる（慈円六五－六六歳）。また「今所求之官職、今所祈之人、必大悲多聞天仏法護持者豈捨之哉」の文字がみえていることからすれば、恐らくは公経の官位の陞叙を祈ったものであろう。

保元の乱・亡卒・怨霊

慈円は、時代のこの問題を、自分の生活・自分の一生に即して、「保元以後の乱世の今、怨霊が天下に満ち、亡卒が四海にあふれている。これを救うためには、仏神の冥助を以て禍を転じて福となし、天下安穏・泰平の祈願を私なく行じなければならぬ。それが、仏神が、人間を助けようとする本意に合致するものだ」と言い、晩年にもしばしば「自分が生れてから七十年この方は乱世のみであった。二歳の秋七月に内乱（保元の乱）が起り、国中の政治が乱れ、君臣ともに怨霊にとりつかれている」と回顧し、「自分の一生は乱世に終始した」とものべている。前述のとおり、元久から承久までの十八年間の天下泰平は自分の祈願の効験によるのだ、としきりに自負していることの意味もよく理解されるのである。

仏教興隆と天下泰平

かくて慈円の仏法興隆の目標は、天下泰平のための祈願に集中される。そしてそれは、滅罪生善、あるいは攘災招福の二つの面をもつ。まず現代の負うている罪障の消滅を祈る。その後に仏神の利生・加護の祈りが可能になる。現代の負う罪障を消すこととは、すなわち保元、治承の乱の戦死者の怨霊に対して罪を懺悔することに外ならぬ。このことはもとより慈円一個の思想に止らないのであって、兼実も「近日天下の乱はひとえに保元の乱の怨霊の所為である」と言い、幕府も建久八年(一一九七)八万四千基の塔を供養して保元以来の戦死者の冥福を祈っていることを見ても、それは時代の声であったのであり、慈円の懺罪はすなわち時代の罪を一身に負うものと観るべきである。かくて彼の行法において、当然、懺法が重要な地位を占めてくる。慈覚大師伝うるところの、南岳大師の法華懺法および

滅罪生善

西方懺法を朝夕にとなえて滅罪生善を祈ることがその祈禱の第一歩である。

院のための祈請

然る後に仏神の加護を乞うて天下の泰平を祈るのであるが、その祈りは、直接には、院のための祈禱にこれを托し、それを通じて泰平を期したのであった。慈円の語を以てすれば、前者は「亡卒怨霊を浄土の蓮台に鈎召（こうしょう）（よびよせる）せんがため」であり、後者を「太上天皇の宝寿長遠を祈り奉りて、一天四海安穏快善なり」といっている。ここに慈円が院のために祈禱の精誠（せいせい）を傾けた思想的な根拠がある。

いかにして鳩てふ杖にかゝるまで　君に仕へてこの世くらさん
君をのみ思ふ心は大原や　よにすみがまの煙にもみよ
君が代を久しかれとは祈れども　うき身に松の色を思はで
いかでなほ鶴すむ洞に生れても　なからむ世まで君を祈らん
まもりこし名残は末も久しかれ　はこやの山の松のむらだち
ふして思ひおきてかぞふるよろづよは　神ぞしるらん我君のため
身ばかりは猶もうき世をそむかばや　心はながく君にたがはで

君を祈る心の色を人とはゞ　たゞすの宮のあけの玉がき

心ざし君に深くて年たけぬ　また生れても又や祈らむ

ちはやふる神ぞしるらむわが君を　ねてもさめても祈る心は

院にささげたこれらの詠が慈円の赤誠そのもののあらわれであることを、私は信じて疑わない。もとより、天下泰平の祈願が、常に必ず院のための祈禱の背後に在ったと解することは、正しくない。個人的な愛著の分子の多かったことは否定しえないであろう。が、それだけであって、それ以上のものをもたないと考えることは恐らく軽卒のそしりを免れない。彼の祈禱観については、なお、後にふれることとする。

天下泰平の祈り

七仏薬師法七ヵ度、普賢延命法三ヵ度、安鎮法二ヵ度、熾盛光法二十ヵ度をはじめ、尊勝法・仏眼法・金輪法・法華法・北斗法・不動法・冥道供など、凡そ正治から承久ごろまでに修した慈円の数十度に及ぶ祈禱は、それぞれに独自の意味と目的をもちつつ、滅罪生善に帰するのであって、慈円はこれを「逆修は眼前の大善、追福は没後の抜済なり」といっている。

祈禱のための根本道場の建立

道場をもたなかったことの遺憾

　天下泰平の祈禱は、かくして、院のため、朝廷のため、そして天下のための祈禱であると同時に、慈円の生命であった。これまで内裏・仙洞に召され、また諸寺・諸家に請ぜられて祈禱に従っていた慈円が、二度の座主職を経、大僧正に任じて、朝野に名声を馳せ社会的地位の確立するに至った元久ー建永の間（一二〇四ー一二〇六、五十ー五十二歳）において、最も重要な祈禱のために根本道場を建立して主な祈禱をここに移すことになったことは、当時における地位・勢力の、さらに彼の生命そのものの表現であったといわねばならぬ。慈円はみずから、この点について、「或いははじめ平等院本堂に就いて之を興行し、或いは後に法勝寺金堂に於て之を勤む」と、行法の道場の一定せざりしことの遺憾をのべ、「それがために一院を建てん」との希望を明らかにしている。元久元年（一二〇四、五十歳）十二月、

大懺法院

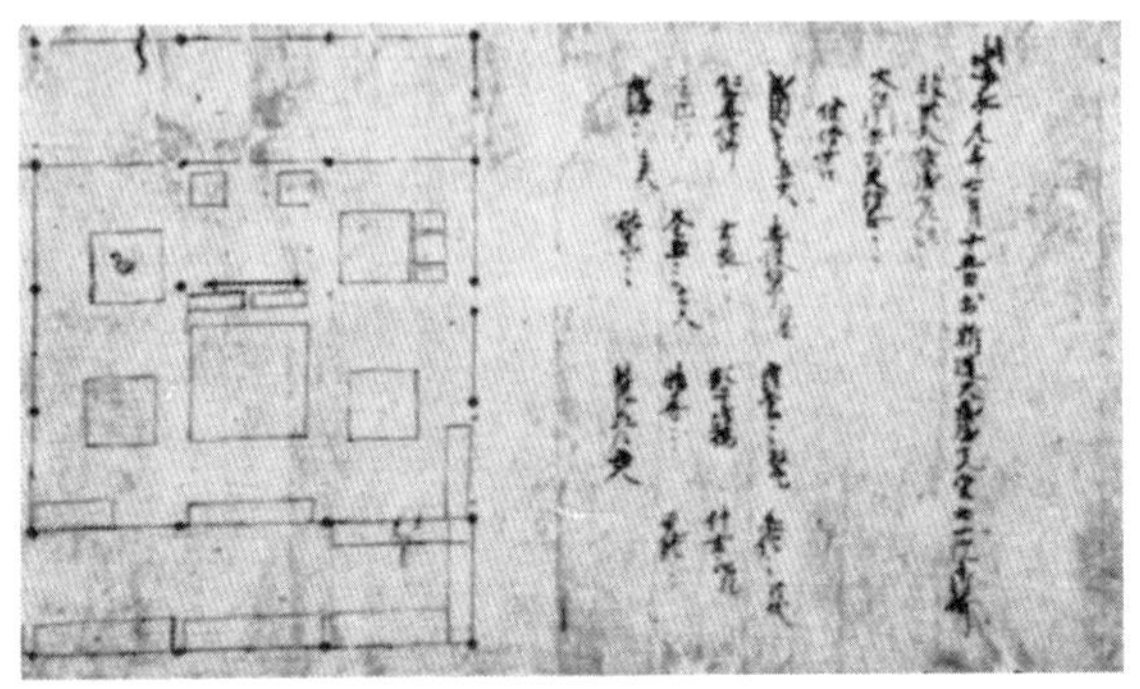

門葉記（熾盛光堂新造の記述が見える）　（京都　青蓮院蔵）

自坊白川坊に大懺法院を建立し、これを院の御願寺として阿闍梨一口（く）をおいた。翌二年四月、院の仰せによってこの敷地を院に献じ、別に祇園の森の東方の地を卜（ぼく）してここに一坊を建立して吉水（よしみず）房と号し、ここに大懺法院をうつし、その六月を以て上棟式をあげた。白川の地には院の最勝四天王院がたてられた。同院が、後鳥羽院の討幕の企てに深い縁のあることは人の知るところである。

熾盛光堂

翌建永元年（一二〇六、五十二歳）には吉水にまた熾盛光堂（しじょうこうどう）を造営して大熾盛光法を修した。熾盛光法はかつて慈覚大師が伝えた除災致福（ちふく）

・鎮護国家の法であり、いわゆる山門四箇の大法の至極とされたもの、大師は叡山に惣持院をひらいてその道場としたのであった。慈円も最もここに力をそそいで来たのであり、大熾盛光法は実に慈円の始めて行じたところであった。

仏法興隆の素志の実現

仏法興隆の宿志は天下泰平のための大法・秘法の祈禱にあり、そして、それはこの専門道場の建立・経営を以て頂点としている、慈円はみずからこの趣をのべて、「ねがわくは法花・弥陀の三昧(さんまい)、早く我が国の衆罪を除滅の境に消し、請うらくは止観(しかん)・遮那(しゃな)の両教、速かに当寺の恵日を霜露の上に照せ」と真言・止観の道場建立を喜び、且つ、その将来を祝っている。

人物の養成と勧学講

仏法興隆は、一生の事業たるとともに、また永き未来にわたる仕事であって、弟子の教育、人物の養成、令法久住(れいほうくじゅう)のための努力はさらに大切である。慈円はさきに、この目的のために、大乗院に勧学講を開いたが、座主辞任とともに衰退し、その用途さえも他に転用されようとした。

建仁元年(一二〇一)第二度の座主の時に、その再開に着手しようとしたが、何等かの妨げがあってその目的を達し得なかった。その事情は明らかでないが、「権臣」のために妨げられて、一旦行きづまったが、権臣の歿後、重ねて院宣を下された、といっている。恐らく源通親をさしたらしく、すなわち新たな活動は、その歿した建仁二年(一二〇二)十月以後であったと思われる。

かくして第二度の座主辞退の後、院の庇護のもとにいよいよこの仕事にとりかかった。而してその第一は組織の整備であり、第二は人物の厳選・挙用であり、第三は衣鉢の資の確立である。

勧学講の組織・制度

第一、天台座主が叡山の各派・各門跡より交代に出る結果、その度ごとに一山経営の方針の変更を生ずる。そのことが勧学講そのものをつねに動揺せしめており、また、この講における研究講学の労を認めず、学侶の努力の結果が何等かえりみられることなしに終ってしまう。且つ、一山の俗務に忙しい歴代座主のもとに勧学講を属せしめておくことは、勧学の趣旨に背くことが多い。かくてこれを防ぐために、この講を青蓮院門跡に附属せしめることとした。

第二に、先達・講衆は法器を先として出身の高卑を問わず、三塔（東塔、西塔、横川（よかわ））から器量をえらんで百人と定めた。

第三に、これらの学徒をして永く山門に住して不退の習学にいそしませるために、先達・講衆それぞれに与うべき米その他を定めている。

勧学講の内容

かくして講は新しい基礎の上に再建され再出発することとなったが、これと同時にその学科内容も天台学を中心にして新たに整備された。はじめ建久六年の開講のころには浄名疏・大経疏が講ぜられたが、ここに至って天台章疏、南岳・妙楽の章疏、さらに止観へと進み、山家の諸章疏に及んだ。承元元年からは金剛般若経疏を開講し、観音玄義をこれに加え、次に智論及び起信論に進み、婆娑論・成実論に至る。以上の講演がくりかえし循環されることとした。

以上は承元二年(一二〇八)草するところの『勧学講縁起』の規定するところである。その起草六ヵ月後、阿闍梨三口が無動寺におかれて、勧学講の人師に、次第を以て補せらるる事となった。その後の講の運営活動については、具体的にはこれを徴すべきものが少ないが、鎌倉時代を通じて行われており、慈円の努力は実を結んだといってよい。勧学講について、慈円と相善かった良経は、次の一首を残している。

前大僧正慈鎮(慈円)天台座主になりて勧学講といふ事をおこし行ひ侍りけるを聞きて遣はしける。

後京極摂政前太政大臣

磨くなる玉の光のかひあらば　君がみ山の道はくもらじ

正治二年(一二〇〇)に召出されて以後の慈円にとって、宮中の生活は大きな幅を占めており、それが歌の上に明るい光を投じていることはこの時期の一つの特徴である。

みよしのゝ山もかひなくなりにけり　御はしの花の春のけしきに
ひまもなき跡をあはれとみつる哉　おほうち山のけさのしら雪
これを見ん人は心ぞみがくべき　大庭の椋(むく)のいにしへのあと
この冬はげにふぢつぼの菊のうへに　昔の色をかさねてやみん
九重の花にのみやは心あらむ　今朝の雪にも朝ぎよめすな

世間的栄達は彼の必ずしも避けるところではなかったが、それとともに人生の第一義、まことの道を求むる心がさらに強く彼の心を領しつづけてきていることは先にのべたところである。この得意と活躍の時代に繁忙をのがれて閑暇を得ようとする要求は一そう強められている。良経夫人の歿した正治二年七月には、修行に出て、人々の諫止(かんし)をきかなかった。元久二年(一二〇五)十月ごろ隠棲せんとしたが、院の愛惜により許されなかった。建暦元年(一二一一)五月、また身の暇を賜わって遠所に赴かんとしたが御許しなく、やむをえず西山に帰入しており、同三年に

籠居の望み

も山寺に籠っている。「片山寺にこもりゐてはただ二諦の道理より外に思ひつゞくることもなし。其道理を歌によまむと思ひけるなるべし」とみずからいっている通り、隠棲の生活は思索生活であった。世間と出世間との道理をもとめることにあった。とともに、慈円にあっては、この思索の迹がただちに和歌の形をとり、心の動きがたちまち歌となって口を衝いて出てくる。思索が和歌と雁行し、和歌によって思索するところにその面目がある。

思索すなわち和歌

　うき世いとふ心の色を人はみよ　ちる言の葉をよそにおもはで

散る言の葉がそのまま心の色、まことの道を求むる心なのである。「あさき狂言綺語にて深き讃仏転法輪の道へ返しいれ給へ」と彼はいっているが、この中世的文学観は、彼においてこそもっとも自然に活きているといってよい。

まことの道

　花と月と思わたして行くこゝろ　これもさとりのはしとなるらん

の一首も、同じ趣をさらに端的に示しており、

忘るなよまことをしるすもしほ草　しきつの浪にくちん世までも

といっているのにも、歌に彼の寄せたものが如何に重い意味をもっていたかを知るに充分であろう。

七　承久の変をめぐって

迫り来る危機

先にのべたとおり、慈円は元久から承久までの十八年間は「無為無事・治天下」の時代であり、それが、彼の祈願の賜(たまもの)だといっている。しかるに『愚管抄』には同じこの時代をさして、後白河院の末年からにわかに下り坂になって、この十ー二十年間は「ツヤ〳〵トアラヌコトニナリニケルニコソ」と言い、また「コノ廿年ヨリコノカタ、コトシ承久マデノ世ノ政、人ノ心バヘノムクイユカンズル程ノ事ノアヤウサ申(ス)カギリナシ」と、承久の変の前夜の薄氷をふむ思いをのべている。平和の千鈞(せんきん)の重さを、祈禱という一糸でわずかに支えてきた、そして最後にまさに糸の切れんとする危機に直面したということになる。

反武家思想

一髪千鈞の危険とは、すなわちこの二十年間に育まれつつあった公家の反武家思想であり、やがて公武の衝突のおそれであった。この危惧は、武家の実力を認識し、とくに頼朝と親しんでその支持を得て早く公武合体の理想をいだき、その上に摂籙政治の実現を期待していた慈円にとっては、日夜にその胸を苦しめる夢魔であった。そしてこの反幕府思想の中心にいられたのが、慈円を最も親愛せられた後鳥羽院であったことは、運命の大きないたずらともいうべきであろう。

討幕の企と最勝四天王院

院の討幕計画の由来はすこぶる遠いものがあり、院政とともに成長したものと考えられるが、その具体化の一の指標ともみるべきは、白川の最勝四天王院の建立である。前述のとおり、それはもと慈円が院に寄進した地にたてられたのであったが、承元元年(一二〇七)十月にその御堂供養が行われた。その後しばしば御幸あり、慈円も院のために建暦元年(一二一一)ここに一日頓写一切経供養のことを奉行している。が、それはやがて武家調伏（ちょうぶく）の祈禱所となった。承久元年（一二一九）正月、将軍実朝が暗殺せられると、その功験（こうげん）があったとされて同年七月にこぼたれた。ことさら慈円に縁の深い地ではあり、ここに出入りしていた彼として、こういう空気は容易に感得しえたことであったろう。「アヤウサ申（ス）カギリナシ」という感じをいだいたことは充分にうなづかれる。

院と慈円との政治上の意見の相違・対立は恰（あた）かもこの頃から表面化し、その間はにわかに疎隔する。

後鳥羽院と慈円との政治的対立

第一に、承久元年前後から、院のための御祈りは急激にその度数を減じていると思われ、代って順徳天皇の中宮、すなわち藤原良経の女、東一条院の御産およびその所生（しょせい）の皇子懐成（かねなり）（後の仲恭天皇）の立太子、やがて即位の祈りに力をいれている。当時の慈円はこの二歳の太子と、関東に将軍として下向（げこう）した二歳の頼経（良経の孫道家の子）将軍とに将来の政治を期待して、「イマ廿年待タン迄、武士ヒガ事スナ」と念じている。後鳥羽院が、「日本国二ニ分ル事」になる、という理由で幕府の宮将軍推戴の請をしりぞけられ、頼経の将軍就職にも甘心(納得)されなかったことと正面から対立している。

聖徳太子信仰

第二にこの頃から、かねて信仰のあつかった聖徳太子の冥助に新たな道をひらこうとした迹が注目される。慈円は、天王寺別当として同寺の復興修造に専心しており、自分がこれを離れたならば寺は滅亡するであろう、とまでいっている。また同じくこの頃、摂津の国中山寺の辺に経廻(滞在)していた、という。同寺は聖徳太子の開基であり、太子が仏舎利をおさめられたと伝えられる太子堂もあったといわれる太子有縁の寺であり、慈円の師全玄もかつてここにいたことのある縁の深い所であった。建保四年(一二一六)には、聖徳太子から仏法・王法の興隆について重大な霊告を蒙った、と後にみずからいっている。建保六年(一二一八)十月、懐成親王の立太子を喜んで、翌七年正月四天王寺聖霊院に詣でて、この皇太子の将

来に徳政を期待して聖徳太子にささげた願文に、

眞實の冥助をあらわし給て、予が佛法・王法中興の善願を成就圓満すべき也と告示せしめ給ぅ瑞相なり。

と言い、また

太子にささげた歌

難波がたふかき江に行あだ浪を　かけてぞたのむ春のうら風

世の中はいかになるをの松ならむ　いたづらならぬ春にあはゞや

なにはがたむそぢの浪にうかぶふねは　かぢをば君にまかすとを知れ

とその不安と期待とを歌に托して太子にうったえている。貞応元年(一二二二)すなわち承久の変の翌年にこの頃のことを回顧した言葉の中に、「建保六年以後大熾盛光法の修法を中止した」といっているが、このことは右の四天王寺信仰と互に表裏の関係をなしていると思われる。

院と慈円との間の疎隔の実情については伝うるところ乏しく、以上の全体を通

慈鎮和尚伝

じて間接にこれを臆測しうるに止まる。ただ、慈円の歿後間もなく書かれたと思われる『慈鎮和尚伝』はこのことに正面からふれて、次のとおり述べている。すなわち、『伝』はまず建久ごろからの院と慈円との水魚の交わりをのべ讃えた後に、にわかに筆を転じて、

祈禱しだいに退廃

然る間、姦臣、國を亂り、魔旬、隙を伺う。叢蘭、茂らんと欲して秋風これを破り、月、明かならんと欲して浮雲これをおおうの謂也。上皇の叡慮、日を逐うて淺く、和尚の祈念、年にしたがって疎なり。宿世の業報驚くべからず。或いは攝州中山寺内に隱居し、或いは難波の天王寺の傍らに經廻す。毎年、數座の大法以下の祈願等、承久元年以後すべて以て退廢す。是に於て兩三年の後、世上擾亂、天下、觀を改む。蓋し、銷金の謗を用うるによって、忽ちにかの蒼(天)の咎を招くか。

述べるところ、抽象的であって、事情を詳かにするに由なく、靴をへだてて痒きを掻くの憾をまぬがれないが、なお院と慈円との間の機微は彷彿として伝えられている。慈円の寂後、間もなくかかれた伝として、何事か憚かるところがあ

ったためかと思われるが、一方よりすれば、それだけに却って事情の複雑と深刻とを思わしめるものがないではない。そして、これに関連して忘れることの出来ないのは、これより先、建保三年(一二一五)七月に、慈円が院に、とくに意味深い十首の歌を奉っていることである。一見頗る難解であるが、以上のような一般的情勢にてらしつつよむとき、何等か重大なものをその背後に感ぜしめる。すなわち

諷諫の十首

拙什の風を射山(皇法)の聴に達し、徳政の月を学窓の観に待つの和歌十首

法の門にふかくいれてし身なればや　其みのりゆへ出うかるらん
いかにせん道ある方はみちもなし　さあらむ世をばいかゞ行べき
思しりておもひのどむる程こそあれ　猶あまるにはねをのみぞなく
いかにせんみそぢつかへて涙川　きのふけふなる人にわかるゝ
あさましとけふこそはおもへむくひをきし　心の底のふかゝりしゆへ

うき身をばなきになすともいかにせん　其ゆへきゆる法のともし火
君になをたがふ心は露もなし　たゞ涙こそたもとにはちれ
呉竹のそのふをふかくたのむより　うきふししげき身をいかにせん
おもはなんわがみちならぬ和歌のうらを　けふ行までも誰ゆへぞさは
をしかへし君をぞたのむしるべせよ　ゆきとまる方やいづくなるらん

院に徳政を期待するの十首の如何に悲壮なるか。「三十仕(みそじ)へて涙川」とは院との従来の関係の破綻(はたん)にのぞんでいるのを悲しめるものであろうし、「君になをたがふ心は露もなし」とは、院との衝突を悲しみつつ誠心を吐露(とろ)したもの、院と意見を異にしつつなお「をしかへし君をぞたのむ」の心はかわらぬが、かくては「ゆきとまる方」すなわち国家と院と而して己との行えは如何、と憂えに沈んでいる。十首の歌に己れが誠を託して院の御翻意をこいねがっているのであって、全体をおおう空気の尋常ならざるを知りうるとともに、情において別れ難き君と敢えて

院との乖離

袂を分たざるをえなかった慈円の苦衷（くちゅう）に親しく触れることが出来る。

慈円が院を離れて行ったのは誠心を院の前に披瀝（ひれき）した後、御翻意の色なきをみて、涙とともに身を退いたのであって、危きを知りつつ傍観していたのではなかった。

身ばかりは猶もうき世を背かばや　心はながく君にたがはで

建保四年（一二一六）百首の一であるが、これまたこの頃のものとして、とくに深い意味を想わせるものをもっている。

承久直前の深憂

なお、これと関連して、年紀は不明であるが、恐らく乱の直前のものと思われる願文（がんもん）の断簡にこの憂慮を具体的に、次の如くにのべている。

若し戰闘に及ばば、今に於ては末代の至極也、治承・壽永に超過し、清盛・義仲に萬倍せん。遮（さえぎ）って之を思うに、魂魄、度（ど）を失い、退疑（たいぎ）の心神、迷惑す。今、佛子の祈請する所は私なし、ただ王臣人民、無爲無事（ぶいぶじ）、除災與樂（じょさいよらく）の計（はかりごと）也。

摂家将軍の実現や仲恭天皇の即位にかけた期待も空しく、公武の正面衝突、承久の大変の破局に突入した。院と慈円との意見の差が協調の余地のないものであった事は、院がこの挙の手始めに、幕府方に立った西園寺公経を討たんとせられたに対し、その助命を日吉社に祈って、「太上天皇、誤って忠臣の命をうばわば、定めて重罪の報を招きたまわん歟」とさえいっているのにも知られる。そしてまた、この変の結果としての公家側の悲運を歎じて、

語の及ぶ所にあらず、心力の測る所にあらず。君の積悪至極して、宗廟、瞋をなすか。代の時運、末に莅んで、社稷、政を失うか。

とまでいっている。

建保末年の霊告

建保（一二一三—一九）の末ごろから老病におかされていた慈円は、この役のころは病んで引こもっており、そのことについてみずから、「当時の内乱に逢うの時、宿病によってその難をのがれ、霊告を聴いて待つ所あり」といっている。病床に身

を横たえながら、己れが無事を喜びつつも、事の成行きを深い憂慮を以て注視していた様が察せられる。

関東からみた慈円

変の結果が直接に慈円に影響する所はなかったが、弟子の道覚(どうかく)親王は、幕府を憚って西山に籠居(ろうきょ)されねばならなかった。慈円としても、その真意はさておき、従来の院との関係からみる限り、何等かの疑惑を擬(ぎ)せられることもまたやむを得ぬものがあったろう。時代はやや下るが関東に活動したかの日蓮は、承久の変の際の関東調伏(ちょうぶく)の祈禱の中心人物に慈円を挙げている。これを史実に徴すれば確かに誤りであるが、関東側の印象としては必ずしも無理ならぬ所である。「宿病を得てその難を遁る」という慈円の語も、かかる点よりみれば、言外の意味があるようにも思われる。

八　晩年と入寂

承久の変直後

承久の変が公家社会に与えた衝撃が深刻であったことはいうまでもないが、これをめぐっての慈円の立場と感懐とはことさら微妙複雑なものがあった。

承久の企てに反対し、いち早く武家と結んだ西園寺公経の安全と繁栄とを日吉社に祈った慈円の願いはかなえられた。しかし、彼が望みを嘱した仲恭天皇は廃せられ、これとともに道家の摂政はとかれて、近衛家実がこれに代り、また愛弟(まなで)子(し)道覚親王も幕府に遠慮して西山に隠退された。慈円は家実を呪咀(じゅそ)してその死をさえ、一時は祈った。まもなく思い直してこれを中止しはしたが、さすがの慈円もこの変乱にいささか取りみだした跡がないではない。乱の勃発については、前述のように、早く危惧(きぐ)の念をいだき、そのために後鳥羽院との間に疎隔をさえ生

承久の変によるショック

ずるに至っていたが、これがついに実現したことが大きいショックであったことは勿論である。が、すべての苦悩の頂点をなしたことが、三上皇とくに後鳥羽上皇の御遠行であった。これらのことが、慈円をいかなる気持におとしいれていた

か、我々は次の慈円自身のことばからその一端を感得し得るように思う。

承久の変に対する感懐

> 武士等之をきて同心合力して、将軍の跡を悲しんで、洛都に攻め上る。時に官兵退散し、上皇御寒心と云々。則ち天下を草創して忽ちに立王の事あり。攝籙また違亂し辭遁の由を稱す。萬事夢の如し、一朝無きに似たり。光仁天皇の後卅七代、いまだ孫王の踐祚を聞かず。亦、三院を以て遠島に廢し、五卿を指して其首を梟す。語の及ぶ所に非ず、心力の及ぶ所にあらず。君の積惡至極して、宗廟、瞋をなすか。

失意の身を病床に横たう

慈円はこのころ、七十歳に近い身を重病の床に横たえており、弟子良快（兼実の子）への所帯の譲状を作成し、火葬の用意までもととのえて、すでに死門に臨んでいたのであり、内省的な彼の心は、それだけに、一そう深く沈潜して、自ら己が心を観じ、心の苦しみの原因を求めて過去の宿業に帰し、その救いを仏に祈願するという有様であった。すなわち承久三年から翌貞応元年にかけて彼の心身は、ほとんどまた他をかえりみるいとまなきまでに打ちひしがれていたといってよい。

みずから病中に愛弟子前大僧都慈賢の病気平癒を山王権現に祈ったもの。「仏子の悲歎、譬うるにものなし」といっている。嘉禄元年7月のもので現存最後の筆跡。

心身の回復と大懺法院再興願文

しかしながら、貞応元年七月半ばごろから病も快方に向い、九月には日吉社に参籠するまでになっている。同時に心の打撃からも回復してきている。このことをよく示すものが、この十二月に草した大懺法院再興の願文である。この願文には乱後一年半の苦悩のうちにおける反省が示されているとともに、この反省にもとづいて新しい前途を開拓すべく再び起ち上ろうとしている気持が強くにじみ出ている。

反省と希望

反省の中心は、いわば乱に対する彼自らの責任である。前述のように乱の数年前か

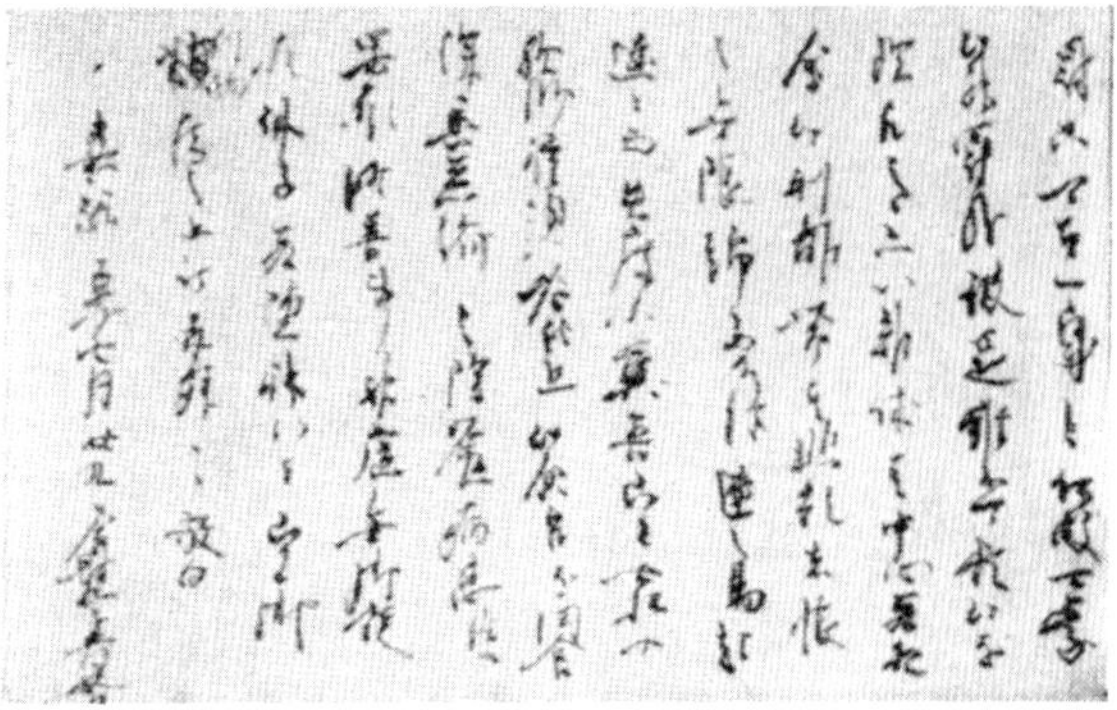

慈円自筆願文（京都市　土橋嘉兵衛氏旧蔵）

ら、慈円は祈禱を止めて了った。大熾盛光法を停めてからこの年まで五年、毎年の修法を停めてから三年になる。このことは、それ以前の十八年の平和が祈禱の効験として与えられたと考えるとき、いよいよという時にすべきことをしなかったことに外ならない。かく考えた慈円が、かの打撃から立直ったときに第一に着手したことは祈禱の再開であった。これより先、この年の四月に、以前に最勝四天王院の建てられた地を青蓮院に返されたので、ここに熾盛光堂（しじょうこうどう）・大懺法院（だいせんぼういん）を再興しこれに西園寺公経の観

西園寺公経及び将軍のための祈り

音堂を加え、ここで道家・将軍頼経及び公経のために祈り、あわせて聖体安穏・国土泰平の願をもこめた。とくに将軍頼経の願を中心として考え、将軍は前摂政道家の息であり、宗廟の神が政道を委附したのであるから、将軍の運を祈ることは王法の本意であり、末代の治国の道理であるとし、同時に将軍の祈禱は武士全体のための祈禱であることを強調している。幕府は、貞応二年(一二二三)備中の国大井庄を慈円に、その祈禱料所に寄せている。

年来の主張である公武合体の政治の実現・具体化を頼経将軍の上に観じ、祈禱が武家中心に考えられているところが注目を惹くのであるが、同時に忘れられてならないことは、これを以て単純に新興勢力への阿附となすの当をえないという点である。すなわち、元仁元年(一二二四)正月、彼はかねて篤い信仰をささげていた聖徳太子を摂津の四天王寺に拝し、長文の告文をささげて一生の経歴をのべ、ことに大乱以後の気持を告白しつつ心身の安詳と臨終正念とを祈っているが、そ

後鳥羽上皇還京の念願

の中に、上皇の御帰洛を念願している。承久の変をめぐっての意見の対立にも拘わらず、上皇に対してかわらぬ親愛と忠誠の情をいだいていたのである。上皇還京の運動はこの後六ー七年、慈円の寂後にようやく表面化したが、結局幕府から、にべもなく拒否されている。この頃はなお、変の直後ではあり、ただ神仏に向ってひそかに熱禱をささげる外、なすすべもなかったことと思われる。

摂籙政治の為の祈り

「天下の攝籙は尊神の約諾なり。まさに器量を択んで之を擁護すべし」と、同じく貞応三年（元仁元年一二二四）八月、春日社にささげた表白にのべている。すなわち、当時の関白家実に代って九条道家の摂関再任を祖神に祈請しているのであるが、これは、政治について述べた慈円の詞として今日われわれの接し得る最後のものである。

晩年・老病

老齢と長年の苦心努力は、すでに承久の変以前から慈円の肉体を蝕みはじめていた。建保六年(一二一八)牛車を以て宮中に出入することを許されたのも、歩行不自由のためであった。翌々承久二年六十六歳のとき中風に侵されている。恰もこの頃に書かれた『愚管抄』にも「待ツベキ事モ頼モシクモナケレバ、今ハ、臨終正念ニテ疾ク〳〵頓死ヲシ侍リナバヤ、トノミコソ覚ユレ」といっているのは、病苦からの実感でもあったであろう。

思やる心ぞはれぬあしびきの　やまひの霧の秋の夕ぐれ
身にまとふきり吹はらふ風もがな　いざすみよしの松にたづねん
思きや秋たつ霧に身をなして　夜半のけぶりを待たむ物とは

と病床にみずから詠じみずから慰めているのもこのころのことである。承久三年、大乱のとき、病臥のため責をのがれたとは前述のとおり彼のみずからいうところであるが、同じ八月の弟子良快への譲状を草しおえた翌月、有馬温泉に赴いているのは、身後の始末を一まずすませ、身の暇を得て病を養うためであったろう。

病床の心境と執筆

こうして病状は一進一退をくりかえしつつ漸次(ぜんじ)悪化の道を辿(たど)った。承久三年から元仁元年（一二二一—二四）まで四年間、日吉に、天王寺に、春日にささげられた願文は、いずれもみずから病を扶(たす)けつつ、重い筆を運んだのであって、その様を、「筆を病床に右け、志を安心に形(あらわ)す」とみずからのべている。老軀にむちうち病苦にたえて、国家のために新しい光明を見出そうとする悲壮な思いと、自己一身の後生(ごしょう)善所(ぜんしょ)を祈る寂しい姿とがこれらの願文を通して浮び出ている。貞応二年から元仁元年（六十九—七十歳）前後の次の詠もこのころの心境をよく伝えている。

最後の詠

思ふべし夢かうつゝかいかにして　いかにふけぬるわが世なるらん
何事もあらずなりゆく世の中に　残るかひなき身を如何にせん
神よいかによもと思ふも猶かなし　うからむ為に生き残る身か
いかにせんいとひし世こそ恋しけれ　長き命ぞ今はかなしき
露の身もおき所なき世の中に　先だつ人ぞうらやまれける

入滅

七十もうき身にちかくくる秋の　ひとり物思ふゆふ暮の空

嘉禄元年（一二二五）五月、慈円は身後の処分を定め、道覚親王に日吉新御塔および近江の国細江庄を譲り進じ、また、所帯の門跡を、僧正良快の後に継承せらるべきこととした。

九月に入っていよいよ死期の到来せるをさとり、十人の有徳の僧を以て発願文をささげしめて欣求菩提の望みを披瀝するとともに、七日の中の速疾の遷化を三塔の本尊および七社の権現に祈念した。その第六日目、嘉禄元年九月二十五日、近江の国東坂本の小島坊に、慈円は浄衣を着し、仏舎利を迎えてこれを拝し、弟子聖増律師をして舎利讃歎の伽陀（讃歌）をとなえしめ、秘印を結び真言を誦しつつ北首右脇、寂然としてついに七十一歳の生涯をとじた。聖増の外、慈賢僧都・祐真律師・証空上人等、愛顧・親昵をかさねた弟子たちが前後を囲んで磬を打ち釈迦の宝号をとなえてその菩提を資けた。その入寂を知って延暦寺一山は三塔の識者

人々の悲しみ

を喪ったとして、父母を喪ったかの如き悲しみにうたれ、この三年以来住んでいた小島坊の近隣の人々もこれを哀歎したと伝えられる。遺骸は火葬に付し、生前に縁の深い無動寺に葬り、またしばしば隠棲した西山の善峯寺にも分骨したのであった。

慈鎮の諡を賜う

慈円の寂後十三年、嘉禎三年（一二三七）良快の奏により、四条天皇より慈鎮和尚の諡号を賜わった。その勅書は「故前大僧正慈円阿闍梨、姫霍の門（姫は周公旦、霍は霍光、摂籙の家）を出でて、仏法の棟宇に備わる。四明山上しきりに貫主の大名を歴、三密の壇前、早く印手の秘賾を伝う。世の欣仰する所、まことにゆえ有る哉」と、彼の人物と行業との一面を簡潔に伝えている。

寂後の慈円

二種の慈鎮和尚伝

生前に世の仰ぐ所であった慈円は、寂後にいたってますます人々の追尊する所となった。『青蓮院本慈鎮和尚伝』は寛元三年（一二四五）以前、すなわち寂後二十年以内に、『神田本慈鎮和尚伝』は正応二年（一二八九）以前、すなわち寂後六十四年以内に成っている。共に記事正確、文章暢達(ちょうたつ)なるのみならず、貴重な内容を巧みに整理し、時に機微にふれるものさえあり、慈円研究に欠くべからざる好資料である。いずれも作者は不明であるが、慈円への尊敬と好意とにあふれた伝が早く作られていることは、この時代に彼がいかに評価されていたかの一面を知り得る。

文学者として

文学者としての慈円が、後人(こうじん)の敬仰追慕の的であったことは、彼の歌が多く保存されていること、歌に関しての逸話が数多く残されていることなどに徴することが出来る。『太平記』は「慈鎮和尚の風雅」云々といっており、『徒然草』は彼が『平家物語』の成立の背後の力であったことを伝えている。青蓮院門跡をつがれた尊円親王(永仁六―延文元、一二九八―一三五六)が『愚管抄』を書写し、慈円の歌を集大成して『拾玉集』五冊を編まれたのは、以上のような時代の風尚(ふうしょう)を代表するものといってよいであろう。

平家物語の背景

第二　思想と信仰

一　真俗二諦

『拾玉集』に、法華経を詠じた百首の奥に

> 暮秋初冬の候を以て二諦一如の觀に入り、忽ちに四・五の拙歌を詠じて三所の権現に法楽す。

とみえ、また

> 和歌は我朝の風俗なり、吟詠は雅意の所作なり。今、二諦の色を意識に染め、三業（さんごう）の悟（さとり）を法樂にあらわす。狂言また狂言、この声はこれ觀音の實語。

とある。慈円の文章は一般にまことに解しにくく、これまたその例にもれないのであるが、試みに解するならば、謂う所の二諦は真諦（しんたい）・俗諦（ぞくたい）である。和歌はわが

二諦

真諦・俗諦

国の世俗の遊び（俗諦）である。併しながらそれはまたそのまま観音の実語（真諦）である。それは二諦一如の理によるのであり、従って歌を按ずることは二諦一如、真諦即俗諦の観に入ることである。かくて歌はそのまま神仏の法楽に備えることが出来る、という程の意であろう。

二諦一如

二諦一如は仏教思想において重要な地位を占めており、すでに大陸において盛んに論ぜられている。が、その解釈は、その細かい点についていえば、区々として帰一していない。天台（智顗）も『法華玄義』に、「それ二諦は、名、衆経に出でてその理さとりがたし。世間、紛紜として、由来、さかんにあらそう」といっている。天台と同時代の慧遠は『大乗義章』に二諦を詳論して、世諦・俗諦・世法に対して第一義諦・真諦・出世を立て、前者を有為・事理の諸法と言い、後者を無為・非生滅の法としている。そしてこの対立は一応の対立であり究極において一如する。理・事一如なる故にいずれも諦（真実）と名づける、といっている。

二諦に関する諸見解

真・俗は事・理

仏法・王法

比叡山根本中堂（修理前）

真・俗二諦は、要するに因縁生滅の事と不生不滅の理との対立関係なのであるが、この関係は次第に拡充されて広く応用されるに到った。わが国でこれを仏法・王法にも比定しているのはその一例である。そのはじまりは、かの『末法燈明記』にあると考えられる。すなわちその冒頭に、「それ一如を範衛して以て化を流すものは法王、四海に光宅して以て風を垂るるものは仁王、然らば則ち仁王・法王たがいにあらわれて物を開き、真諦・俗諦たがいに因って教を弘む」とある。とにかく、一般に、二つの対立者が対立しつつ共に真理に契当して一如する、という考え方にその趣旨がある、と解してよいであろう。

叡山教学上の真俗二諦

叡山においては早くからこの二諦の問題は考究を重ねており、『慈覚大師伝』によると、伝教大師は慈覚に、我は常に二諦不生不滅の旨を弘めた、しかるに、世人は真諦不生滅の義を信じて、未だ世諦(俗諦)不生滅の理を解しない、汝はこの義を世に伝えて、天台宗を弘め衆生を利益せよ、といったという。その後、安然・源信・覚運・覚超等の学匠にいずれも『二諦義私記』の著ありとされている。これを概していえば二諦一如は叡山仏法の根底に存したところの、伝統的主張の一であったということが出来る。

慈円における真俗二諦

慈円がうき世を厭うて山中を慕うたのは俗諦のけがれたるをさけて真諦の清きを求めんとしたものであった。しかしながら隠棲のうちにのみ真諦を見出そうとした若年の時代の態度は転じて、まことの道をうき世の中に、俗諦に求めようとした。

家を出でゝ家を出でぬになりにけり　まことの道にまことなき身は

という如く、まことの道は必ずしも家の外にあるのではなく、家の外に求むるを要しない、それは俗諦・真諦の一如した境に求められる。

まことの道を俗諦の中に求める

都にもなほ山里はありぬべし　心と身とのひとつなりせば

ことに

深き山になるゝ心のしるべより　市の中にも道のありける

の一首はよくその心境を示している。

このことはやがて、隠棲的傾向への批判とも反省ともなって、

深くしれ人の有をぞ世とはいふ　そむかば人の世もあらじかし

というに至った。

煩悩即菩提

二諦一如はまた煩悩即(そく)菩提観でもある。この点においても、大体右と併行した

経過をとっているようであって、前述のように青年時代の詠の、煩悩の苦しみをうったえたものに対し、

里の犬の猶みやまべにしたひくる　心の奥におもひはなちつ

うれしくもしめし山べに宿ふりて　馴れずときゝし鹿になれぬる

承元三年、五十五歳の作であるが、これら比較的後年の作には、よくかの苦悩を克服した心の余裕を示したものが見られる。

真諦・俗諦一如、仏法・王法牛角

二諦一如、真諦即俗諦観は、かくして、体験を通じて固い信念として彼のうちに定着して行った。彼の政治観や歴史観もまたここにその根底をおいていたことは、王法を以て仏法を守り、仏法を以て王法を守るとする、いわゆる「仏法王法牛角」の主張にもみられる。

太子信仰における二面

さらに、慈円の最も尊んだ聖徳太子の信仰においても慈円一身の生命を托する宗教的・出世間的立場と、国家・政治の興隆を願う政治的・世間的立場との二つの面をもっており、四天王寺に参詣して俗諦五十首・

真諦五十首の百首歌を奉っている。その一首に、

うき世にもまことの道のすまひ草　とりあはせつゝ露ぞこぼるゝ

とあるのも、二諦一如の趣と解せられ、なお、その跋（ばつ）に、

やまと歌のならひは、題をこはくとりつれば、そのすがたを得まじきさまなれど、慈覚大師も二諦をこそはさとりたまへればと思ひて、大師（太子）の御本意の歌もたゞ佛法の縁のみなれば、此世の地体にうけたる凡俗の方も底はみなひとつなればと思よりけるに、猶歌の方もすてじとてなびやかなる四季のふる事など少々さしよせ侍れば、また二諦のこゝろわきまへがたし。しかはあれど、心をやりたる事は歌のならひなれば、思ながらに誠のみちにもいれかしとて、わづかによし野の花、秋の夜の月などいづかたにもちり〴〵に光やさすとまじろへて侍ど、又そのにほひもなければ、とるかたも侍らぬになん、たゞ志のゆくにまかせて、太子の御あはれみをあふぐばかりにや。

と、仏法と世俗が根底において同一であり、この二諦一如を春花・秋月に託する所に和歌が存する、としている。

総じていえば、彼の出処進退も、思想も芸術も、要するに彼の一生はこの真俗二諦一如の観に立っている。そういう点から、以下、二－三の問題について考えてみたいと思う。

思想と芸術と生活との根拠

二　歴史と政治

㈠　歴　史

「學問ハ、僧ノ顯密ヲマナブモ、俗ノ紀傳・明經ヲナラフモ、是ヲ學スルニ從ヒテ、智解ニテソノ心ヲ得レバコソオモシロクナリテセラル、コトナレ」と慈円はいっているが、まことに至言である。

不可思議を解く面白さ

よしの山花の梢をかへるかり　心得にくき心なりけり

この「心得にくき心」、一見不思議不可解のものを解明して「心を得ること」が人間の最大の興味の一であり、学問の眼目もまたそこにある。

不可解のものを解することは、その中にすじみちを発見することである。道理の存在を自覚することによって不可解はおのずから解ける。ところで、三世十方、無限の因縁のより合って出来ている人生の現象を、そこだけで理解しようとすることの不可能なることを慈円は確信した。慈円が「三世不了達の人、只一往眼前(の)事ばかりを思(う)人の、真実に天下を執権する事は凡(そ)不（ざる）ㇾ候（さぶらわ）也」と言い、また「タヾサシムカヒタルバカリヲノミ沙汰スル人ノ、世ヲトリタル時ハ、タヾ失セニオトロヘマカルトコソハウケタマハレ」といっているのは、そういう趣旨であろう。道理を求める慈円はかくして歴史の研究にその一つの方法を見出す。承久の変直前に成ったと考えられる、慈円の主著ともいうべき『愚管抄』は、当年の政治論・政策論たるとともに、また本質的に史論でもある。

以上の観点よりして、『愚管抄』においてまず注意されることは、「心得る」の語が、最も重要な箇所において、重要な問題について、つねにくりかえされていることである。歴史の叙述が、そこで、必ず立ちどまってその問題の解明に努めていることである。「皇代年代記アレバ引合セツ、見テ深ク心得ベキナリ。」「コレヲ心得ヌ人ニ心得サセン料ニ、」「カヤウノ界ニ入テ心得ル日ハ一々ニソノフシ〴〵ハ違フコトナシ。」「コレヲモ心得ベキ道理定メテ有ラント案ヲメグラスニ、」「コノコトワリハ是ニテ心得ラレヌ」というの類であるが、また「深ク按ズルニ、」「コレヲ量リ見ルニ」「案ヲメグラスニ」といっているのも、凡そ同じ方向を示すものであろう。

一見不可解のことも、「心得ル」「按ズル」こと、すなわちさらに深い考察を経ることによって、何等かの解明に達する。

「世ノ移リ變リオトロヘニタルコトワリ一筋ニ申サバヤト思ヒテ思ヒツヾクレバ、マコトニ謂ハレテノミオボユルヲ」というとおり、歴史上の事件は、それぞれに

道理のあらわれ

道理をになっており、道理のあらわれに外ならない。道理の外にある事柄は存し

ないのである。慈円にとってこういう発見がすなわち歴史の研究の成果でもあり目的でもある。そして「コノ、道理ニソムク心ノミ有テ、イトヾ世モミダレオダシカラヌ事ニテノミ侍レバ」という如く、この歴史にあらわれた道理を自覚してこれに従うかどうかが政治の問題なのである。

実例についてみよう。聖徳太子と蘇我馬子・入鹿の関係をめぐって、次の如き解釈を下している。

崇峻天皇は馬子に弑(しい)せられた。然るに太子がこれを傍観していられた。元来、わが国では弑逆の例はなく、又許されない国柄であるのにこの事のあったのは何故であろうか。このこと全体の示していることは、仏法によって王法(政治)を守るべきだということ、仏法なくして王法なしという道理、同時に道理の間には軽重あり、軽きを去って重きにつくべきだということなのである。

道理の軽重

まず仏法は王法に絶対に必要だということ。この場合の馬子は単なる馬子個人

個人と原理

ではない。それは「仏法に帰した大臣の手本」、仏法のにない手としての馬子なのである。崇峻天皇が馬子を除かれたならば仏法が滅びる外はない。仏法の滅びない先に弑逆（しいぎゃく）に出るより外に途がなかった。馬子が、ではなく仏法が滅びないことが大切なのである。（慈円はつねに個人にではなく、国家の原理ないしは伝統そのものに重きをおいている。）天皇と馬子との衝突は王法と仏法との対立を意味するものでなく、反対にその相即（そうそく）一致を意味する。物部守屋を王法が亡ぼしたのは、王法の宝である仏法を守屋が亡ぼそうとしたからである。道理は常に軽きをすてて重きをとらねばならぬ。これが「物ノ道理ヲ立ツルヤウ」なのである。

道理の間の扞格

以上の仏法を中心とする道理に、次に別の道理がからんでいる。崇峻天皇の弑逆はいま一つの重要な意味をもつ。すなわちそれによって推古天皇即位が必然に実現し、そのことはまた必然に太子の執政につながる。太子の摂政によって仏法・王法が守られる、そういう「道理ノ重サ」がこの時としては最も重大なのであって、それが、何ものにも代えがたく動かしがたかったのである。かくて仏法・王法両方の道理がここに「ヒシト行キ合」ったわけであって、太子が馬子の行為を傍観された所以もそこにあった。問題の中心は、仏法の恵命を存続するという重い道理にあった。国王弑逆を許さないということは、実は仏法にもとずく政治という重い道理に含まれつつ依然として存するのであって、決して消滅はしていない。だから、その後「佛法ト王法ト中アシキ事ツユナシ。」同時に「カ、レバトテ國王ヲオカサント云心ヲコス人ナシ。」いずれも国家の原理・伝統として活きている。これが衝突した右の例は一つの例外、非常の場合であって、これを以て一般を律するわけにはゆかぬ。

以上は「カク心得ベキ也」という心得かた、解釈の一例である。要約すれば、(1)歴史上に不可解の事件に注目する。(2)その事件の歴史的必然性を見出す。それがやがて道理に通じている。(3)二つ以上の道理が相関係するとき、その間には大小・軽重がある。そこでは軽きを以って重きに従わしめる、という道理の間の調整が行われねばならぬ。(4)新しい事実は新しい道理を示しつつ歴史につぎつぎに登場して、道理を歴史の上にのこしてゆく。歴史上の人物はこの事件の推進者として、この道理の担い手になる。個人は道理の担い手たるところに歴史的重要性がある。(5)つぎつぎと歴史上に累積されてゆく道理の全体が日本の伝統を形づくってゆく。

事実は常に道理を担う

道理の意味

ここで注目されるのは、第一に、歴史的事実そのものが常に新しい道理を歴史に導入しつつ登場してくるということである。この点からいえば歴史は、大局よりみて、結局正しい道を辿ってきている、ということになるであろう。このことについて考え合せられることは、歴史上の事実は、すべてあらかじめ予定されている、とする一種の予定調和の説ともいうべき観方である。それは「一切ノ事ハカク初メニメデタクアラハシオカル、ナルベシ」ということばにも知られる所で

祖神の約諾

ある。かかる観点の中心になっているのは、慈円の神祇信仰、とくに皇室と藤原氏との祖神の信仰である。すなわち日本の歴史は、畢竟してこれら祖神の予定の計画の展開であると信ずるのである。すでに神の計画の実現という信仰に立つ限り、前述のように、歴史において正義の実現と最後の光明とを観る外はない。歴史は道理の歴史である。「一切ノ法ハタヾ道理ト云フ二文字ガ持ツ也」とすることは歴史への楽観的な見通しなのである。慈円の政治論の中心ともいうべき公武合体摂籙政治論は、かかる楽観的歴史観の根底の上に立っているのである。

公武合体・摂籙政治論とその論拠

しかるに第二にこれと反対の悲観的観点がこれにむすびついている。道理は、横に無数の大小・軽重さまざまの関係の総体があると同時に、また縦に、時代時代がそれぞれに道理をもち、「世ノ中ノ道理ノ次第ニツクリカヘラレテ」変遷してゆく。かくして、わが国の歴史は道理がそのままに行われる上代の理想的時代から、しだいに道理が行われなくなり、結局目前のことのみを見て後をかえりみな

末法思想

い、「道理トイフモノハ無キ」現代まで落ち下ってきた、とされる。かかる史観が、いわゆる末法思想に依っていることはいうまでもない。建暦三年に書いた『尊勝陀羅尼供養現行記』に、「後五百歳に入って百六十余年」とのべていることからすれば、慈円は、当時の多くの人々とともに永承六年（一〇五一）入末法説をとっていることが知られる。

歴史における起伏

こうして彼の史観においては相反する二つの観点が、深い底の方で結びついている。従って、そこでは歴史の構造が、一方的・直線的でなく、輪廻的・円環的な形をとるところに第一の特徴がある。すなわち歴史は、一方的に「落チ下ル」ものとされながら、他方、「衰ヘテハ又起リ、衰ヘテハ又起リシテ、起ル度ニハ衰ヘタリツルヲスコシモテ起シ〳〵シテ」ゆくのであり、「コノ道理ノ道ヲ劫初ヨリ劫末へ歩ミ下リ、劫末ヨリ劫初へ歩ミ上ルナリ。」また「法門ノ十如是ノ中ニモ如是本末究竟等ト申スコトナリ。必ズ昔今ハカヘリアヒテ。」外形は昔・今のちがいがあるようだが、結局同じところに帰する。「昔ヨリナリ行ク世ヲ見ルニ、スタレ果テ、又オコルベキ時ニアヒアタリタリ。」

道徳的努力

世が下り人の器量・果報が衰えてゆく、ということは時代の流行思潮であり、慈円もまたその強い信者であった。しかしそれにも拘わらず、あるいはそれ故に、これに抗し、これを脱しようとする努力と信念とが強められる。それは神仏の利生への信仰であり、そしてこの利生を仰ぐための道徳的努力である。滅罪生善・遮悪持善・諸悪莫作・諸善奉行・捨邪帰正・利益衆生・抜苦与楽を彼が一生にわたって強調しつづけた所以もそこにある。それは前述した、懺悔を通して怨霊亡卒を慰め、そこに攘災招福を祈ることと同じ意味をもっているのである。

『愚管抄』はたしかに末法思想に立つ宿命史観を根幹としている。しかし同時に、著者の鞏固な道徳的信念がこれをうらづけていて、かの宿命観に一の救いとなっていることは忘れられてはならない。

たちかへるよと思はゞや神風や　みもすそ河の末の白波

神風やみもすそ川の末の波　昔の瀬にも立かへる哉

いのるべし昔にかへるわが国を　さてながらへん住よしの神

立ちかへる昔のあとをうれしとや　神もみかさの山のはの月

「昔にかへる」という信念が一面、懐古趣味に立っていることはたしかであるが、しかし、それが、右のような道徳的信念とつながっていること、その表白（ひょうはく）の一つの形であることも見のがすことの出来ない点である。

(二)　摂籙政治

摂籙政治擁護論

歴史としての『愚管抄』が、以上のとおり、道理の展開・変遷を説くところにその本領があるとすれば、政治論としての『愚管抄』の重点は、かくの如くにして展開してきた歴史上の道理を理解し自覚して、これを遵奉し擁護し実践するところに政治の要諦があり、天下泰平が保証される、とするところにある。かくて君臣合体論・文武兼行論、そして文武兼行の摂籙政治論がその中心をなす。

国王といえども独力で政治をとられることは不可能である。従って、御後見としての大臣と相談しつつ政をとられる必要を生ずる。殊に近き世に至って、清和天皇以後歴代幼主が立たれたという事実は、摂政・関白の常置さるべきの道理を示したものであり、そして藤原氏、とくに師輔の子孫が摂関となったということは、そのために、天照大神が藤原氏の祖神鹿島大明神・春日大明神と約諾を結ばれ、藤原氏を摂籙たるべくあらかじめ選びおかれた、ということを示す。歴史はつねにこの線に沿って展開している。菅原道真の流謫も、実は、自ら犠牲となって摂関政治を擁護した、という所に意味がある。後三条天皇の院政を思いたたれたことはこの約諾にそむいたことであって、末世の姿に外ならぬ。合体すべき君臣の間をさいたのは、ここに出現した院の近臣なのである。かくて院政によって天下の乱が兆した。そこへ出現したのが武士であり、鳥羽院以後は武士が天下を

摂関の必要性

祖神の約諾

武者の世

制する「武者ノ世」となった。

文武兼行の摂籙政治

武者の世になっては、摂籙家は、一時「世ノ中ニトリテ三―四番ニ下リタル威勢」になってしまった。しかし、九条家に至って武士と結び、「源将軍ニ取リ出サレ」それが縁になって勢力を回復し、やがて九条道家の子頼経が将軍として、源氏将軍の亡びたあとに関東に迎えられた。ここに文武兼行の摂籙政治が出現したのである。

承久の変と政治観

さらに、承久の変の結果は一面からみれば、この政治形態の勝利という意味をもっていたのであって、乱後に、慈円は「今の将軍の若君（頼経）は則ち前摂政殿下（九条道家）の賢息、外祖は前太政大臣（公経）なり。宗廟の神すでに天下の政道を委附し奉らる」といっている。

これを要するに、歴史の経過全体が示している事実は、歴史が、結局、神々の予定の計画のままに動いている、ということである。すなわちそれは確かに伊勢大神宮が八幡大菩薩・春日大明神・鹿島大明神と議定した所であって、「人ノスル

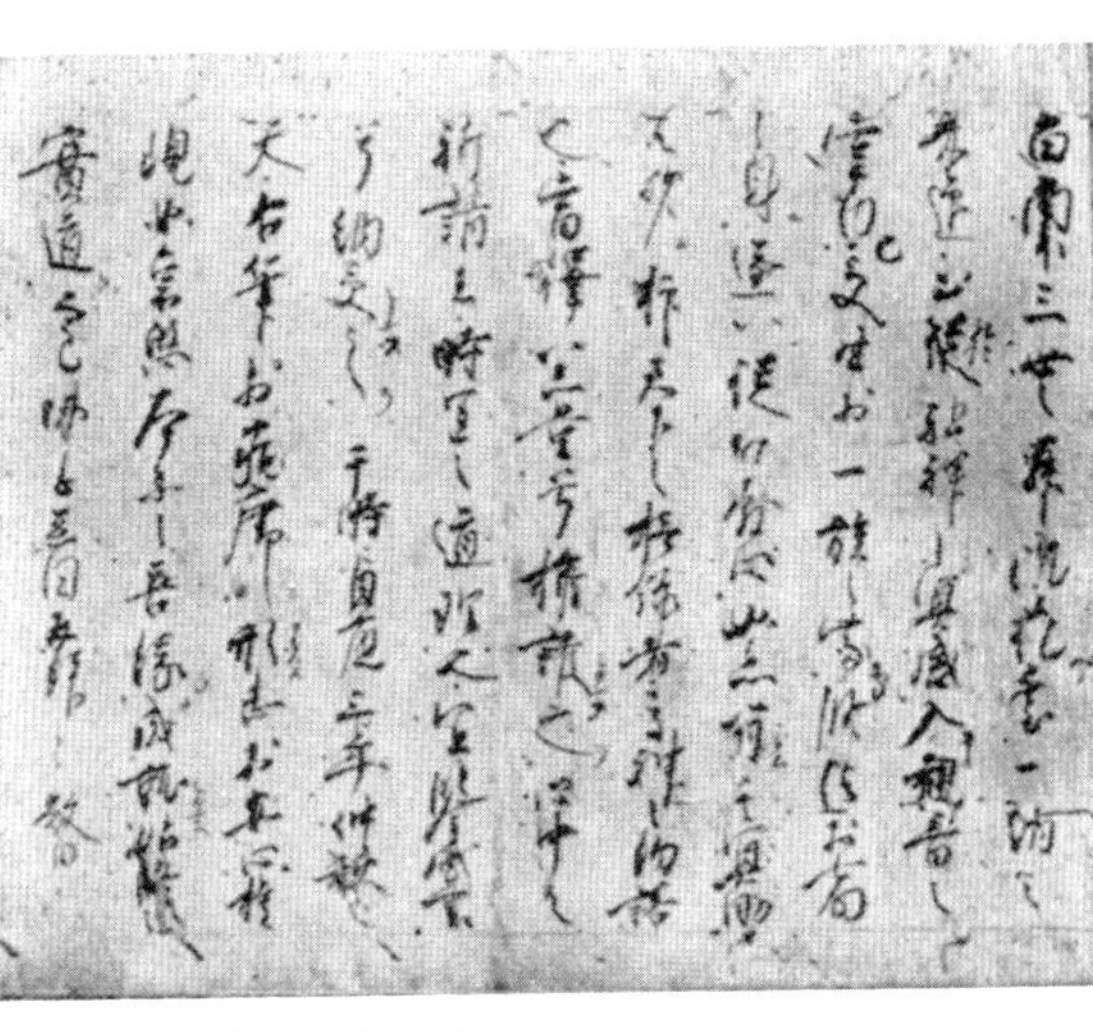

春日表白　（慈円自筆）　（曼殊院蔵）

【挿図解説】
貞応三年仲秋、すなわち承久の変の三年後、慈円七十歳の八月に春日神社にささげた表白である。大乱の打撃から漸く立ち直りつつ新しい前途への期待を道家の摂籙政治に求め、大明神の冥鑑・冥助をあおいでいる。病床の筆なるにも拘らず、いささかの乱れもなく、むしろよく、枯淡にして雄勁な特色を充分に発揮している。

事」ではないのである。

くもりなく天照神の春の日に
　契し末は何かくもらむ

藤の花昔ににほふ春の山
　松こそかゝるうき世なれども

春日山松に藤咲く春の宮
　昔の色を見るぞうれしき

春日山種まきをきしすべらぎの　たのみも藤も松にかゝりぬ

祖神のはからい

これらは、この、皇室の祖神と藤原氏の祖神との約束という信念が平生の口ずさびに浮んだものであり、そこにもその信念のほどがうかがわれる。

慈円の政治論の中枢をなす公武合体の摂籙政治論の大綱は以上の如くであり、要するに彼の政治的立場と仏教・神道の信仰との結びついた信念に外ならない。が、いうまでもなくそれは元来一方においては当時の朝廷の一部に根強い力をもっていた反武家思想に反対し、他方においては院政に対立し、とくに院の近臣の権勢と、不遜を排せんとするものとして生れているのであり、そこにこの思想の積極的かつ現実的な意味があるのである。これらの点について、以下に、改めて触れてみたいと思う。

㈢ 武者の世

保元以後は武者の世

保元元年七月二日鳥羽院ウセサセ給ヒテ後、日本國ノ亂逆ト云フコトハ起リテ後、武者ノ世ニナリニケルナリケリ。

慈円は保元の乱以後、日本が「武者の世」になったことを認めている。従ってこの武士にいかに対処し、いかにこれを観るかは慈円にとって最も重大な問題の一つであった。

慈円の一生は乱世

彼は、自分の一生は戦乱に終始した、といっている通り、物心のついたころから、世の争乱の波はひしひしと身辺に迫ってきている。青年時代の修行所としてえらんだ叡山の無動寺にも武力は容赦なく侵入してきていたこと、それが修行の妨げとなって下山の一つの動機とも推測されることは先にみた通りである。寿永二年(一一八三)の義仲の法住寺合戦には、義仲との間に交渉したこともあり、身を以て危険を味わっている。先輩の、座主明雲や三井寺の円恵法親王の横死にも遭っている。さらに義仲の戦死、平氏の滅亡をめぐって、京の天地にはたえず血なまぐさい風が吹きまくった。青年・壮年時代のこのなまなましい体験は、現実に目を蔽うて、いたずらに過去の栄光の残照を追い、観念の殻にとじこもることを許さなかったろう。後年の彼の武士観の基底はまずここに築かれたと観ねばならぬ。

武家観の根底

武家への敬意

慈円の武士観において、次に、第二の点が注意される。彼が武士において見たのは、武力の恐るべき点のみではなく、それ以外に、一種尊敬に値すべき或るものをも感得している。すなわち、武士の如何にも武士らしい颯爽たる態度にしばしば打たれている。とくにそれは、武家幕府成立後、武家の地位の向上に伴って高まってきた感情であったようである。頼朝をはじめ関東武士の潑溂たる行動・風姿は、しばしば慈円の讃美を博している。「スベテ庄司次郎ヲバ頼朝ハ一番ニハウタセ〳〵シテアリケリ。ユヽシキ武者也」と言い、また、「供養ノ日、東大寺ニ参リテ武士等ウチマキテアリケル。大雨ニテ有ケルニ、武士等、ハレ(我)ハ雨ニヌルヽトダニ思ハヌケシキニテ、ヒシトシテ居カタマリケルコソ、中々物ミシレラン人ノ爲ニハヲドロカシキ程ノ事ナリケレ」と賞讃している。また頼朝その人の人物と才気とに服していることについては先にふれた所であるが、こういう畏敬にも似た感情もまた、彼の武士観の根底において、見のがすことは出来ない。

乱世の支配者である武士は恐るべく恃(たの)むべく、そしてまた敬愛に値する何ものかを持っている。凡そかかる印象が、若年からの体験を通して慈円がいだいた武士のイメージではなかったであろうか。

公武関係の歴史

公家政治にとって、武士は如何なる地位を占めて来ているか、の問題をここで考えてみたい。

兵馬の権

律令制においては兵馬の大権は、勿論、朝廷にあり、軍団を率いる国司が治安維持の責任を負うていたが、律令制の弛緩・崩壊に伴って地方に武士すなわち私兵の興起を見、軍団制に代って地方の兵権を握って行ったこと、従って、朝廷が兵馬の権を失って、却って地方の私兵の力に頼り、以て治安維持に宛てるに至っ

たことは平安朝兵制の変遷の大要である。とくに平安朝末以来、地方武士は中央

武士の中央進出

に進出して公家に迫るの隠然たる勢力を示し、公家の爪牙として活動していた武士が、ややもすれば反噬（はんぜい）するのおそれをさえ感ぜしめてきた。堀河天皇の寛治五

義家の勢力

年（一〇九一）に諸国に令して源義家に所領を献ずるを禁じたという如きは、武士の勢力と、而してこれに対する公家の危惧とを示す所の代表的な一事例である。また義家の弟義光について伝えられている次の説話は、この形勢をさらに具体的にえがき出していて興味深い。

義光に関する伝え

白河法皇の時、寵臣（ちょうしん）六条顕季が義光との間に所領の争いを起した。法皇はこれを知っていられるのに何の沙汰をも下されぬ。そこで顕季はこれを自分の方から訴えた。これに対して法皇の仰せに、これは道理に任せて成敗すれば汝の勝訴にちがいない。が、お前はこの土地を失っても別に事欠かぬ。が、義光はそうでない、いわゆる一所懸命の地で、これ以外に所領をもたぬ。そういう時に若し道理

のままに裁(さば)いてお前のものとしたら、子細をわきまえぬ武士は何と思うであろうか、と。顕季は涙を流して畏まって退出し、やがて義光をよび出して之を譲り与えた。義光は喜びのあまり、顕季の家臣となることを誓った。その後一―二年したころ、顕季が鳥羽殿から夜おそく退出した。しばらく行くと甲冑姿の数騎が車の前後にいる。驚いてこれを尋ねると、義光のつけた警護の武士であることがわかった。顕季は、心中、院の御思慮に服しかつ謝した、という。

具体的にこの通りであったかどうかはしばらく別として、この話は平安朝末の公家と武士との関係の色々の面を示すものとして興味深い。武士は公家の股肱(ここう)となり爪牙(そうが)となってその頤使(いし)（指令）を待ち、それを光栄としていること、公家よりすれば治安を保つ上において武士に頼らざるをえないこと、その点において頼もしき味方であるが、万一その怒りを買い、怨みを招けば恐るべき敵ともなり兼ねないという怖れをいだかざるをえないこと、――平安朝末の公家と武士との間に隠約(いんやく)

の間に存した凡そかくの如き関係を表面化した最初の大事件は保元の乱であった。乱の直前、鳥羽上皇は形勢の不穏を察し、崩後の事態にあらかじめ備えて、有力な武士十人の名を遺詔に書きつらねて後白河天皇に残されたという。乱は彼等武士の手によって戦われた。それは公家同士の戦いであるとともに、これを決したのが武士であり、同時に武士間の勢力争いをも意味した。戦前すでに上皇の詔に、最も有力なものとして選ばれるまでに成長していた武士は、乱後にはもはや昔日の、公家の単なる股肱・爪牙たるの地位には甘んじていない。平治の乱では武士同志が京都の真中で自己の利害のために死闘を演じており、公家はもはやその圏外に立たされていた。

武士勢力の伸張

後白河法皇・六波羅政権と公家

六波羅時代の平氏全盛期において、公家はここにはじめて武士の政権に相対したのであるが、それが武力をもつ以上、これに対抗するためには、時に他の武力を利用するの方策をとらざるを得ない。後白河院は寺院その他の近畿の武力を催して平氏に当らしめた。院の清盛とのしばしばの衝突の背後には、つねにこういう勢力の動きがみられたのである。そして院のこういう対武家政策において、公武抗争はようやく本格的な形をとってくるのであり、ここにその萌芽があらわれて来たのである。

後白河法皇の武家政策

平氏の都落ちの前後から、院の武家政策の中心は平氏から東国の源氏、頼朝対策に移動してくる。ここに院と頼朝、公家と武家、京都と鎌倉との間の関係が生じ、それが刻々に変化しつつ、微妙な推移を展開してくる。

謀叛の賊義朝の子

頼政の挙兵、ついで以仁王の令旨が諸国に達するや、頼朝の挙兵となった。この事が京にきこえた時、兼実は日記にこう記している。

> 又傳え聞く、謀叛の賊義朝の子、年來配所伊豆の國に在り。而るに近日、凶悪を事とし、去る比、新司の先使を凌礫す。(中略)かの義朝の子、大略、謀叛を企つるか。宛も将門の如しと云々。

これは治承四年九月三日の記であるが、その十一日に頼朝追討の宣旨が下されている。ところがその十二月に前右中弁親宗が頼朝に内通した、との風聞が立った。兼実はその従者を召して訊問したところこれを認めた、といっている。これはどちらから働きかけたのか明らかでないが、治承五年四月には、頼朝から京に奏上して、自分は全く反逆の心なし、ただ君の御敵を伐ち奉らん、と言い、さらに八月にも同じ趣を奏して、かつ、古（いにしえ）の如くに平家とならびて朝家に奉仕せん、と朝敵の名をさけ、院の支持を期待しつつ、表面穏和な態度を示している。

頼朝の奏上

寿永二年十月のころ、頼朝より合戦注文（報告）と意見書とを院に進上しているが、兼実はこれに対して、「凡そ頼朝の体（てい）たる、威勢厳粛、其の性強烈、成敗分明、理非決断なりと云う」と、むしろ畏敬の筆を以て迎えている。

京都の空気と頼朝

京・鎌倉間に、政治折衝と個人交渉とが、表面・裏面から交錯している。義仲のために苦しんだ京都の人々がむしろ頼朝を歓迎し、とくに義仲の将来を見通し

頼朝ようやく京都を圧す

ていち早く頼朝に結びついて、己れが運命を開こうとする動きが目立ってくる。

寿永三年三月二十九日の兼実の日記に、入道関白基房ならびに摂政基通が、おのおの使者を頼朝の許に遣わして或いは物を贈り或いは近状を報じている、と記している。果して事実であったか否かは別として、これまで下手に出ていた頼朝が、漸次京都を威圧してゆく過程を示すものとして注目される。元暦元年八月のころには摂政基通が頼朝の聟になるとの噂さえ立った。同十一月二日の記に、東国に関係ある僧が兼実に告げて、摂政（基通）の側から兼実を頼朝に讒した、とみえている。これは摂籙家同志の争いを恐らく頼朝側から利用する手がのびた結果かとも推測される。同年十一月二十一日の条に、一僧侶が兼実に、頼朝が兼実に関して、京より下向した人に質問したところ、人ごとに褒めた、との頼朝の言葉を伝えている。

「謀叛の賊義朝の子」であり「宛も将門の如し」とされた頼朝に対し、むしろ摂関家から慇懃を通じようという態度を示している。この間わずかに五年を経ているにすぎないことを思えば、その情勢の変化の烈しさに驚かざるをえない。

朝令暮改の対武家策

以上のわずかな点描によっても、当時、武家の正体と地位とについて公家側が確たる定見をもち得ず、殆ど右往左往の様であったといってよく、況んや国家百年の大計より公武関係を確立するというが如きは望むべくもなかったことが察せられる。後白河院の対武家政策は、よくかかる情勢を反映している。院は清盛の薨後、平氏の衰勢を見ては義仲を以てこれに代え、ついで義仲を制するに頼朝を以てし、また頼朝の勢力をいとうて義経に頼朝追討の院宣を下される。頼朝の圧力が加わると、昨日の院宣はすてられて、義経追捕の命が出される。要するに、武力をもたれぬ院として、非常時に処するために一時の弥縫策に出る外なかったのはやむをえなかったといわねばならぬ。

武家観確立の要請

武家政権が確立し、これに伴う新しい政治関係が発足した以上、当然、新しい公武関係が確立されねばならぬ。従来の漠然たる観念や感情から、明確な思想への進歩が要求される。かくして、後白河院時代の過渡期を経験した後に、後鳥羽院の院政開始とともに、従来の混沌とした対武士感情の整理期がはじまる。それらは次第に二つにたばねられ、公家における二つの思想の対立がはっきりしてくる。

二つの武家観

元暦二年(一一八五)二月、恰(あたか)も源平合戦の最中のことであるが、義経が平氏追討のために出京して西国に下向した。後白河法皇の命をうけた大蔵卿泰経がこれを追って摂津の渡辺まで行った。京中に武士がいなくなるので義経を引留めるためであった。義経はこれを承引(しょういん)せずに出発してしまい、このことを聞いた兼実は、公卿の身でかくの如き小事のため軽々しく義経のもとに行き向うのは見苦しい、と評している。

京都の治安

兼実の評はともかくとして、乱世には武士が恐ろしいとともに頼もしいことは、何人も深く印象せずにいられないことは当然である。公家にとって京都の治安は何よりも大切である。それは理窟や体面の問題ではない。足もとの現実問題である。武士の力でなければそれを維持しえないという現実に即しては、これに信恃せざるをえない。しかもその武士が昔日の武士でなく、幕府をいただいた組織的統一体としてその自主性を高めているのである。そこでは過去における武士への軽侮の念は影がうすれて、信頼と尊重の念がこれに代る。親幕思想、進んでは公武合体思想がここに生れてくる。

親幕思想

その反対の極に反幕思想が展開する。後鳥羽院は、後白河院の機会主義的な政策を清算し、兵馬の権を朝廷に回復する方針を以て進まれた。院の北面の外に西面の武士をおかれたことはその一である。公家の間に武芸を奨励されてその実力を養おうとされたことはその二である。諸国の武士を院に召出されたのはその三である。院はかくして機を待ちつつ、静かに関東の動静を注視していられたのである。

反幕思想

慈円の観た後鳥羽院の周囲

親幕的立場にたっていた慈円が、院のこの方針に大きな不満と危惧とを感じていたことは勿論であって、それは、院と慈円との昵近（じっきん）・親愛の情とともに深まって行ったであろう。そしてこの二人の間の超えがたい隙間をさらに大きくひろげたものの一つは、いわゆる院の近臣であった。

院の近臣と摂籙

院政の開始とともに近臣が政治上に進出し、実権を握るに到ったことは院政の必然の結果であるが、従来の実権者であった摂籙家が特に、この成上り者を軽蔑と憎悪とを以て敵視したことは当然であり、近臣はまた院の威をかりてこれに対抗した。この分裂は公家における一つの癌（がん）であった。

院近臣に対する摂籙の感情

後白河院が、年来、政を近臣に委任した、是れ世の知る所である、と兼実は記している。また、文治四年二月一日、院から近臣が使として兼実の許に来た。これについて兼実は、かくの如き下﨟は、御使であっても必ずしも逢う必要はない。ただ白河・鳥羽院の時、北面の下﨟が御使として知足院殿（忠実）・法性寺殿（忠通）の許に遣わされている。その度ごとに逢っている。今はその前例に従うだけだといっている。また寿永二年十一月、義仲が院の法住寺殿を攻めるという珍事の勃発したについても、院の近臣の不謹慎なふるまいが義仲を怒らせ、平地に波瀾を起した観があるのであって、兼実もこれを「京中の征伐、古来聞かず。小人等近習の間、遂にこの大事に到る。君の、士を見ざるの致す所なり」と、院と近臣とを非難している。とくに後鳥羽院が西面・北面を強化せられたことは、彼等をして時を得顔に威福をほしいままにせしめる機会を与えた。『六代勝事記』はこの間の消息を伝えて、

院の威を借る近臣

> 近比(ちかごろ)西面とて撰びをかれたる、いつはりて弓馬の藝を稱するたぐひの、官祿身に餘り、宴飲心をまどはして、朝(あした)にうたひ夕(ゆうべ)に舞、たちゐのあらましには、あはれいくさをしてさきをかけばやとのみねがひて、

云々と、彼等の心なき振舞が世の指弾(しだん)をうけつつも、如何ともすることの出来な

かった様をのべ、また、院の愛せられた西面武士三浦秀康について、

秀康は官禄涯分(がいぶん)（限分）にすぎて富有比類なし、五箇國の竹符（宣旨）を併(あわ)せて、追討の棟梁たりき。

と、わが世の春に酔うた姿をえがいている。

慈円の近臣批判

近臣に対する批判において、慈円もまた立場と感情とを同じうしていた。『愚管抄』に

近臣ハ攝籙ヲ讒スルヲ君ノ御意ニ叶フコトトゾ知テ、

と言い、また

院ノ近臣ト云フ者ノ男女ニツケテ出來ヌレバ、ソレガ中ニヰテイカニモ〳〵コノ王臣ノ中ヲアシク申スナリ。

と言い、また武家のことを

故ナク憎マレンコトノ惡シカランズルヤウヲコマカニ申也。コノスヂハワロキ男女ノ近臣ノ引イダサンズル也。

とのべている。

慈円の武家観と宝劔喪失問題

慈円のうちに青年時代以来めばえつつあった武力認識と武士への親近感などの印象や感情は、かくしてその政治的立場や政治的経験から種々の養分を吸収しつつ育って行き、かくて彼の政治思想の一つの支柱である公武合体の思想へと昇華(しょうか)してゆくのであったが、これをはっきり打ち出すための大きなきっかけを与えたものが、平家滅亡に際しての宝劔喪失であった。

後鳥羽天皇践祚と宝劔の問題

宝劔が三種の神器の一として天皇の践祚に欠くことが出来ぬことはいうまでもなく、後鳥羽天皇の践祚は未曾有(みぞう)の異例として朝廷の大問題となった。このことは慈円にとっても大きなショックであった。とともに、重大事件に遭ってはこれに独自の解釈を下してその歴史的意味を解明せずにいられない慈円としては、この事件についてはとくに深刻な思索をめぐらしたことであったであろう。——何故に帝王の御守りたる宝劔は海底に没して、度々の捜索にも拘わらず、遂に求めえないのであるか。――それは恐らく何年となく、解きがたい問題として彼の心中にわだかまっていたことであろう。

神劍喪失と武家政権との関係

神劍の喪われた平氏滅亡後は、武家政権確立の時代である。すなわち神劍喪失と、これに直結する武家の出現、そして劍は武力のシムボルであり、帝王の守であることにおいて武家と本質を同じくする。――このことは彼の頭を領してきた二つの重要な問題に同時に解決の緒をあたえる。

慈鎮和尚夢想記

この点についての慈円の考えを示す最も早い記録は、建仁三年(一二〇三、四十九歳)に起草されたいわゆる『慈鎮和尚夢想記』である。建仁三年は平家滅亡後約二十年に当っている。同記にこの神劍についてこう記している。

寶劍に於ては終に以て海底に沒して求め得ず、失われ了んぬ。しかるにその後、武士の大將軍、日本國を進止(統治)し、意のままに諸國の地頭を補せしめ、帝王の進止に叶わず、ただ聊か帝王の免を蒙り、勅定によって之を補すと云々。寶劍海に沒するの後、其德を人將に任するか。

そして

聖人世にあらば、定めて由來を開悟し、興廢を思慮するか、悲しい哉。

といっている。

宝劔に代る将軍の出現

宝劔が海に没した後、その（剣の）徳を人将に任する。宝剣に代るものが将軍であり、将軍が宝劔の役目をつとめるのだというのであるが、これは、いうまでもなく、この二つの事件にそれぞれ歴史上の地位を与え、一貫した合理的解釈を下そうとする慈円独自の解釈法にもとづくものである。かくて宝劔は喪わるべくして喪われ、武家は興るべくして興ってきたわけである。

愚管抄における解釈

この解釈は、『愚管抄』にひきつがれて、その重要な柱の一つになっている。そしてそこでは一歩をすすめて、もっとはっきりした表現をとっている。すなわち、今は国王が武士・大将軍の心に違うてはならぬ時代になった、そういう時運のあらわれた時代であることを大神宮・八幡大菩薩も許し給うたのであるから、「今ハ寶劔モムヤクニナリヌル也」と明言している。宝劔の紛失も武士の支配もともに神慮にもとづく。すなわち武士は神意によって宝劔に代って君を守り奉るものである、というところに慈円の武家観の本質がある。

宝劔と武家との関係についてのかかる解釈は、その形の上よりいえばまことに素朴というの外はない。が、その精神についてこれを考えれば、それは何ものかを示唆しているようにも思われる。朝廷が武力を以て臣下と争うの愚なるはいうまでもない。力を以て争おうとするかぎり、敵がたえない。これを朝敵・逆賊として追窮することは、勝てば官軍の結果をもたらすに過ぎぬであろう。それは当時の現実がそうであっただけでなく、原理的にそうなのである。本来、政治において武力以上の何ものかの存することを身を以て示される所に朝廷の尊さがある。武家が出現して世を支配したことは、このことの示さるべき歴史的好機ともいうべきであり、それは国の歴史の発展から自然に生れたものといってよい。

慈円の公武合体論には私的な動機がないとはいえない。彼を導いてここに到らしめたのは主として九条家の立場であったであろう。そして彼の関心は当面の政治に集中されているように見える。それ以上、敢て忖度（推測）して、そこに公武観の本質をよみ取ろうとするのは臆測に過ぎるであろうか。

三　祈　禱

『門葉記』に、慈円が貞応（一二二二―三、六十八―九歳）のころ関東へ送った書状に、「天下の仏法は山門（叡山）にあり、山門の仏法は当門跡（青蓮院）にあり」といっている、と伝えている。事実こういう手紙を書いたかどうかなお吟味を要するが、慈円が叡山について凡そこういう誇りと自信とをいだいていたことは認めてよい。

比叡山は山の中の山

世の中に山てふ山は多かれど　山とは比叡の御山をぞいふ

と叡山とその仏法とが日本の生命であった所以をいかにも率直に詠んでいる。こ

れは建久元年（一一九〇、三十六歳）の詠であるが、なお翌二年のものにも

末をくめわが山河の水上に　み法のふちはありとしらずや

また、晩年の作と思われるものに

わしの山音にのみきゝし嶺なるを　移すひじりのあとのありける

と、いずれも釈尊の正法(しょうぼう)の血脈(けちみゃく)を嗣ぐものとしての叡山の誇りを詠じている。こういう趣は、一生の詠を通じてたえず隠顕しているのである。

比叡山仏法の現状

しかしながらこの信念、誇りに対して、現状のいかにこれに遠くみじめなことか。次のような詠をみると、われわれはその悲況に日夜傷心する慈円の声を直接に耳にする思いにうたれる。

法の水浅くなりゆく末の世を　思へば悲し比叡の山寺

すでに消ゆる法(のり)のともし火かゝげずば　猶うかるべき闇とこそみれ

うきみをばなきになすともいかにせん　それゆへ消ゆる法のともし火

日にそへて我たつ杣の山川に　法の水こそ心細けれ

かゝぐれど消えゆく法のともし火を　わがみ山べになげく頃かな

神よいかに心にもあらぬ山風に　またきえぬべき法のともし火

かくて消えんとする法燈をみずから再びかがやかさんとする大願を、

わが山にのこるともし火あはれなり　消えはてぬ先猶かゝげばや

とよみ、さらにこれを後鳥羽院に訴えて（承元二年、一二〇八、五十四歳）、

法の火を君かゝげずばいかにせん　わがたつ杣の暮がたの空

君が代に月待ちいでてたれかみむ　わがたつ杣の夕やみのそら

と詠んでいる。

法燈をかかげる願望

慈円の学道精進と祈禱の精誠とは先にみた通りである。学道はまことの道を求むる、いわゆる上求(じょうぐ)の活動であるに対して、祈禱はこれを人と世の上に実現する所以であって、下化(げけ)の面を代表する。慈円が隠棲の志をひるがえして、進んで俗

塵に交わろうと決意するに至ったことの最も大きな意味がこの下化衆生・一切衆生救済の大願を発した所にあったことは言を俟(ま)たない。叡山を以て日本仏法の柱石と誇った如く、慈円はみずからを以てひそかに末世の仏に擬し、正法復興の任を一身に負荷(ふか)せんとするの覚悟を固めていた。次の詠はこれを示すものに外ならない。

これぞさは憂き身をやがて仏ぞと　心得つべき心地こそすれ
うき人もみなわが子ぞといふ人や　仏なき世の仏なるらん
日をへつゝ民の草葉のかれゆくに　めぐみの雨をいかで注がん

また正法を以て苦海に沈淪する衆生をあまねく救うて彼岸に渡すべく、みずから闇夜の燈、河海の舟筏(しゅうばつ)たらんことを誓って、

闇夜の燈火を以て任ず

神も見よ仏もてらせ人知れず　法の為とて今日までは経ぬ
君もきけこれぞ懐(おも)ひをのぶること　法をひろめて人を助けん

いつかわれいくらの誓あらはして　道より道にしるべをもせん
思ふかな苦しき海に渡し守　深き闇路に法のともし火
朝夕に袖にかくして結ぶ手の　うき世の綱をとかざらめやは
涙河われしづむともいかにして　人を助くるふなよそひせむ
いつかわれ苦しき海に沈みゆく　人みな救ふ綱をおろさむ

明恵上人の祈禱観

祈禱の本質や態度について慈円は直接に説明を与えていないが、彼と時代を同じうした華厳宗の名匠明恵（承安三―貞永元、一一七三―一二三二）の、祈禱に関する次の言葉はこれを考える上に一つの手がかりとなるであろう。

朝夕たえず衆生の為に祈る

明恵が、ある時、人から祈禱を請われた。それに対して次のように答えてこれをことわっている。

我は朝夕一切衆生の爲に祈念を致し候へば、定めて御事も其の數の中にてましまし候らん。されば別して祈り申すべきにあらず。叶ふべきことにて候はゞ叶ひ候はんずらん。

又叶ふまじきことにて候はゞ佛の御力も及ぶまじき事にて候ふらん。その上、平等の心に背きて御事ばかり祈り候はんこと親疎あるに似たり。さやうに親疎あらんもの丶申さん事をば、佛神よも御聞入れ候まじ。

また同じく明恵の常の言葉として、

法師は私の身にあらず、一切衆生の爲の器なり。

僧は一切衆生の器

僧侶はすべての人間のためにあるものであり、常住にそのために祈っている。それはすべての人に対して平等で親疎があってはならぬ。若し分けへだてをするならば、仏神はそれをきき入れ給わぬであろう。これが明恵の見識であった。

慈円が一生にわたって朝廷のため、また将軍その他貴族のために、祈禱を重ねていることは先にくりかえし述べた。それはその限りにおいて個人的な祈りであることと勿論である。が、慈円にとって、それはこれを通じて一切衆生を祈るという意味を同時に含んでいた、という点は見のがすことは出来ない。かかる点について彼もまた

親疎を分たず

親しきに親しからじと思ふこそ　真の道のまことなりけれ

と詠じて、人の間に親疎を分たぬ所にまことの道の存することを明らかにしている。そして、さらに進んで、右のような根底に立っての、君主のための祈禱の意義について、

君を祝う心は民を撫する心

君をいはふ心の底をたづぬれば　まづしき民を撫づるなりけり

と詠んでいる。以上の如くに見れば境遇の差が両人の外観上の差を生んだにすぎず、一切衆生の器としての自覚において、祈禱に関する見識において、明恵と慈円とが根底的に、軌を一にしていたことを知るのである。

慈円は大日經所説の布字觀（ふじかん）を説いた中に、この法を觀じて、世間の所求（しょぐ）を願い、成道をも祈れば、その人が知らなくても、自然に冥薰（めいくん）して、その人が功用を得る。この觀を修する人が世間に多ければ、一切有情（うじょう）が自然に抜濟される、という意味のことをのべている。このことは、一般に彼の祈禱觀を考える上に參考となるであろう。

一般衆生への関心

貧しき民、一般庶民に対して彼が深い関心と同情とをそそいでいたということ

は、彼における重要な一面である。『愚管抄』に継体天皇が「年ゴロ田舎ニテ民ノ様ヲモヨク〳〵シロシメシテ、コノ御時殊ニ国モヨク治マリ」といっているにもその一端をみるべきである。『愚管抄』も本来「愚痴・無智ノ人ニモ物ノ道理ヲ心ノ底ニ知ラセ」ようという趣旨から仮名で俗語によって書いた、とみずから述べている。和歌に到ってはこの傾向はさらにはっきりしていて、庶民の生活と心情とはその好題目とされ、作者の理解と同情とをあつめている。

庶民の生活への関心

紺がきがゑこむの浅葱をとにほして　なによくほかや此世なるらむ
町くだりよろばひゆきて世をみれば　物のことはりみな知られけり
担ひもつざうぎのいれこまち足駄　よをゆく道の物とこそ見れ
賤の男がふけゆく闇のかどすゞみ　好もしからぬまどゐなりけり
誰ならむ目をしのごひてたてる人　ひとの世わたる道のほとりに
賤の女も大路井筒に夕すゞみ　古かたびらの足洗ひして

大和路や解文（げぶみ）をしのぶ瓜の夫（ふ）は　つるのみ引きて汗ぞ流るゝ

奈良よりと聞ゆる瓜を大和路や　いかでもち夫（ぶ）（担う人足）に少しゆるさむ

春の野にふご手にかけて行くしづの　たゞなどやらむものあはれなる

大原の炭をいたゞく賤の女は　はゞきばかりや情なるらむ

それもいさ爪に藍（あい）しむ物はりの　しるしとりをく襷（たすき）姿よ

庶民の生活の断面をとらえてそこに深い感慨を催していることは、慈円の眼が寺院や宮廷内にとどまらなかったことを示している。その出身において第一流の貴族の出であった慈円として、その思想において本質的に貴族的な限界をもちつつも、僧侶としての自覚を以て一生を貫ぬこうと努力したところに、慈円の面目があったということが出来よう。

四　信仰

――顕密と念仏――

いへばうし死ぬる別(わかれ)ののがれぬを　思もいれぬ世の習こそ

世の中を思ひつゞけて悲しきは　のがれぬ死にの別なりけり

みな人の知り顔にして知らぬ哉　必ず死ぬるならひありとは

真言・止観

真言・止観は慈円の仰ぎ信じた所であり、一生にわたって顕密の行法に精進したことは前述のとおりである。

念仏の展開

仏教が本来、生死の問題についての驚覚の声であり、真言・止観が即身成仏(そくしんじょうぶつ)、或いは正覚(しょうがく)を約束し、この問題の解決を目ざしていることはいうまでもない。然るに、天台宗は平安時代四百年間を通じて、顕密の法とならんで念仏を展開せしめており、しかも、時代の降るとともに、衷心の要求を念仏に托する傾向が強められてくる。すなわち真言・止観における本来の目的の達成に、しだいに不安を感じてきたこと、そしてその空白を埋めるものとして念仏が登場してきたものに外ならない。

止観と念仏

念仏はもと摩訶止観に、法華の助業として説かれた四種三昧の法にもとづくのであるが、円仁が叡山にその専門道場としての常行三昧堂をたてて、いわゆる引声念仏を始めたことはその発展の本質的な発端であった。以後、良源・安然・覚運を通じてしだいにその法は弘められ深められて行ったが、

往生要集

とくに源信の『往生要集』は念仏への大道を拓いた記念碑であった。かくてこれらの叡山の学匠たちは、真言・止観の研究・修行につとめる一方において、より強く念仏に帰してゆく。

無常観

詳言すれば、前者による正覚・成仏を原理的には信じつつも、なお足許に迫る無常の実感においては濁世穢土の正覚・成仏を不可能とし、西方願生すなわち往生を願うこととなった。座主明快(永祚元―延久二 九八九―一〇七〇)が辞職の詞に、「ここに老いここに病みて来世甚だ近し。何ぞ一瞬の命を以て強いて数箇の任をみだりにせん」と言い、また「老残を草庵に養い、専ら刻念を蓮台に運ばん」という如く、いよ

いよ自己一身の死の問題に迫られたときに赴くのは念仏なのである。こうなれば勢い顕密の法において世間的な面のみの強調される傾向も強められてくる。叡山の座主の資格として真言・止観の兼学が要求されていたことは前述したが、そういう座主が、次のような姿において描かれるということは決して偶然ではないと思われる。

讃岐典侍日記における死の問題

かの、堀河天皇の侍女として宮中に仕えた讃岐典侍は、いわゆる『讃岐典侍日記』をのこしている。その中に天皇の御臨終の前後の様子をこまかに叙している。それによると、山の久住者（くじゅうしゃ）が御悩（ごのう）（御病気）の御祈りに召されて宮中に護摩をたき仏を念じた。その様はいかにも頼もしかったが、やがて祈願も空しくついに天皇は崩ぜられた。侍臣たちの泣きさけぶ声をきいて僧たちは声をのんでひっそりした。座主が参上したのをみると女房大弐三位は、「山の座主をも今は何にせんずるぞ」といいつづけて泣いた。座主も空しく退出した、といっている。

平生は難解な法門を説き、尊げな行法を人に誇示（こじ）して意気揚々たる高僧・貴僧の説法が、畢竟（ひっきょう）していかに空しいものであったか。座主や久住者と典侍との間に何のちがいがあるのか。僧侶たること、仏法を学ぶことが、一体何の意味をもつのであろうか。慈円が

いかにせん仏のをしへさとる身の　さとらぬ人とおなじやうなる

と詠んでいるのも、こういう点に対する自省であろう。

源空の専修念仏

源空（長承二―建暦二、一一三三―一二一二）が、顕密、すなわち聖道門（しょうどうもん）を捨閉閣抛（しゃへいかくほう）して、専修念仏すなわち浄土門をひらいて念仏を独立せしめたことは、右の自行としての念仏に徹し、純粋に宗教的な世界に生きようとするものに外ならぬ。

慈円と源空

あたかも源空と時代を同じうしている慈円の信仰は、以上の叡山仏法の伝統と、源空に代表される新しい立場との交錯の中において理解される。第一に慈円は顕密の忠実な継受者である。そこに例えば、源空と相容れない、立場の根本的な相

違がある。慈円は源空を非難して、源空が顕密を捨てたことを、まず挙げている。同時に源空門下の、専修念仏の曲解にもとずく破戒行為、社会道徳の紊乱・破壊という面も攻撃の的になっていること勿論である。

慈円の念仏信仰

しかしながら第二に、慈円もまた熱心な念仏者である。この点においても彼は叡山の伝統の正統的継承者なのである。すなわち、顕密の熱心な唱導者でありながら、自行としては念仏に自己を委ね後生（ごしょう）を托しているのである。

阿弥陀仏と十度となへてまどろまむ　やがてまことの夢ともぞなる
阿みだぶやあらましごとはふかき江に　そのことのはゝ沈みぬる哉
ねがはくば終りみだれぬ身となりて　十たびとなへん南無阿弥陀仏
夜をかさね西へのみ行く月なれば　そもむつまじくながめられけり
西の山に月はいりぬる暁に　たゞ阿弥陀仏の声ぞのこれる
人をみるもわが身をみるもこはいかに　南無阿弥陀仏〳〵

よもすがらしたふ心をてらさなん　西にかたぶく山のはの月

何となき口ずさみまでちぎりける　仏の御名は南無阿弥陀仏

極楽をねがへとばかりをしへてや　たゞ西へのみ月は入るらむ

たゞひとり残りて人を救ふべき　あみはあみだの名にこそ有けれ

入日さす西に心をかくる身は　暮行としのをしからぬ哉

七十(ななそじ)の山のはにこそなりにけれ　にしへのみ行夜半(よわ)の月影

をろかなる心なれども思ふことは　往生浄土臨終正念(りんじゅうしょうねん)

若年から晩年まで、慈円の弥陀信仰を示す詠はその歌集の随所に点綴している。慈円の、真の宗教信仰は、かくて、阿弥陀信仰であった。従ってかかる点からみるとき、

年をへて君を祈れる言の葉は　南無釈迦仏大日如来

と詠んでいることは、彼の祈りの性格をよく示している。すなわち天下・国家の

祈り、要するに世間的な祈りは釈迦・大日に拠っている、自己の生命は阿弥陀に托する、という二本立てなのである。もとより釈迦・大日・弥陀の間は、はやく叡山において会通されており、慈円もこれを受けて、たとえば「吾大菩薩は釈尊・弥陀一如の和光、神宮・八幡同躰の本源なり」といっている通りである。そこに教理上の統一が求められているのであるが、具体的な実感からすればそれは対立関係にあったといわねばならぬ。彼の一生を通じて見て来た所の、世間的・出世間的の二面或いは真俗二諦はまさにこれに対応している。これを今日の言葉に翻訳するならば、宗教と文化との関係というに近いといえるであろう。

顕密の教えと念仏との関係

煩悩と菩提との統一または対立

顕密の立場では煩悩即菩提を目ざしている。人間の社会的営みそのものに悟りを見出そうとする。そこには積極的な文化建設の意欲がはたらいている。浄土門にあってはこの世を穢土とし煩悩世界として捨離し、その彼方に浄土を求めた。一度全く社会的いとなみをすてるところにのみ仏の救済が約束されている。源空は前者をすてて後者に専念した。前者と後者とを共存させ真諦と俗諦を一如させようとしたところに叡山の学匠たちの、そして慈円の苦心が存した。そしてとくに慈円の時代には、専修念仏の新興勢力に足もとをさらわれぬように用心しつつ、この問題の解決・達成に努めねばならなかったところに、先人の経験しなかった苦心があった。現に彼と前後して座主となった顕真が、ついに源空に帰し、「遁世年久しく、ひとえに念仏の一門に入り、真言の万行をすつ」といっているに照らしても、この叡山の伝統を守ることにいかなる困難が伴ったかが察せられるのである。

専修念仏の影響

叡山に於ける顕密と念仏との関係はそのまま慈円一個の内心の問題でもあった。自己に忠実ならんとするにつれて、それは解き難き矛盾として彼の前に立ちふさがったことであろう。晩年における彼の、一生への回顧と反省とはこれを示しているように思われる。

むすび

春日表白

先にもふれた貞応三年（一二二四）五月、慈円七十歳の時春日神社にささげたいわゆる「春日表白」に、次の一節がある。

> 爰に佛子（慈円の自称）十三歳の冬季、出家得度し訖んぬ。それよりこの方、宿運の然らしむる、浮生の定むる所、一生を憶うに、利哀の八法に疲れ多年を歴てただ名利の二道を歩むといえども、ただ中心の萌す所、佛神の知見に在るか。

一生は名利の二道のみ

例によってむつかしい文章であるが、一応の解釈を試みるならば、利哀の八法は、利・哀・毀・誉・称・譏・苦・楽の八で、要するに、世間的な毀誉と哀楽であり、それを得、或いはそれを避けるために営々・汲々として努力した。それによって徒らに得た所はただ塵労のみ。結局、一生歩んだ道はただ名利の二道のみであった。それが自分の運命であり、この浮生の事実であった。しかし自分としては別に心の奥に思う所がある。それは、人は知らずとも、仏神の知見したまうことを信ずる、と。

一生の回顧と告白

慈円の一生は、事実、ここで自ら回顧し反省し告白している通り、少なくともその形からみれば、正に名利の二道を歩んだものに外ならない。僧侶の本領とされていた祈禱自身がほとんど世間的・功利的なものであり、さらに皇室のための祈禱には自家の利害が密着しており、武家との親昵・提携も、公武合体論も、摂籙政治論も、彼の出自たる九条家との関係なしにとなえられたのではない。寺院の座主・検校（けんぎょう）・別当の地位もまた要するに世間的なものにすぎない。

空しき一生か

逢い難き仏法のために捧ぐべき僧侶の一生が、名利のためにむなしく費やされることの、恥ずべく恐るべきは言を俟たない。慈円の一生も、ただ名利の一生にすぎなかったとすれば、畢竟して空しき一生とされねばならぬであろう。

この点に関して、われわれがとくに注目したいのは、それが、彼のみずからい

心中の不満

う通り、名利のための一生であったかどうかを判決する前に、彼が、己れの一生について、こういう反省を加えているという事実である。詳言すれば、彼が自らの一生を、「ただ名利の二道を歩む」と評していることは、みずからこれに対する彼の心中の不満を表明したものでなければならぬ。そしてかかる不満は名利の中に没入した立場からは出てこない。それは名利を離れた立場でなければならぬ。とともに、仏神の知見に入り得るのは、かかる立場のみであろう。

出世間的立場

かく考えれば、彼の一生には、彼のこの言葉を通して、新しい価値と意味とが見出され得るであろう。そしてこのことは、先に見てきたことと相応ずるように思われる。すなわち彼が、事実上は世間的な活動に従事しつつも、絶えず出世間的な立場からこれを考えようとし、後者を以て前者を裏づけようと不断の努力をつづけていること、顕職・栄位を歓迎しつつも必ずしも要求せず、必ずしも執着せず、淡々たる態度のあったこと、これである。かかる点から考えれば、「ただ名利の二道を歩む」という反省が、この願文においてはじめて出ているのではなく、むしろ一生にわたって寸刻もその念頭を離れなかった、と考えなければならぬ。他人の言に托して、「出家ノハジメヨリ遁世ヲノミ心ニカケタル人」と自ら己れを評しているのも、この事を示している。また

遁世を心がけた人

こころざしうき世の中に空しくて　たゞ思ふことは仏のをしへ

の一首も、同様に解してよいであろう。さらに

ねがはくは神よ仏よなほてらせ　わが思ふことはよきかあしきか

あるいは

まことの道に入る身

いかにせんまことの道に入る身ぞと　思出づればまた忘れつゝ

とよみ、または

只だ道理の二字を守り、ことに仏神の本迹を仰ぐ。

といっているのは、右のような基本的な立場に立っての謙虚な反省であり、祈請

真摯な求道者

一つの誠をめざす

であったと考えることが許されよう。

以上のように考えて来ると、われわれは、彼において或る意味深いものをいささかでもさぐり当てたかの思いを禁じ得ない。すなわち、この反省は、彼が真摯（しんし）にして熱烈な求道者（きゅうどうしゃ）として終始したことを示している。この、まことの道を求めてやまない求道的精神が、瀰漫（びまん）し滲透しているところに、彼の一生の行迹と業績と人物との、掬（く）み盡せない魅力の源泉があった。あの自由で自然な、のびのびした、思い切った、開け放しの、無技巧の技巧ともいうべき彼の和歌は、特にこのことをよく示している。どの一首をとっても、それは、彼自らを語っている、或いは語ろうとしている。しかも、同じものを詠いつつ、どれをとってみても、常に生きた彼が新しい姿をその底にみせている。一つのまことをめざして絶えず前進してゆく姿が、限りない力として人をとらえて離さないのである。

藤原定家は慈円を評して「抜群の賢者」といった。慈円の心友であった儒者菅

慈円肖像（大乗院蔵）

原為長は、「吉水大僧正は、人を知るの心、人に過ぐ」とたたえている。君を愛し友を愛した人が、人の心を知ることの深きは当然である。私は古人のひそみにならい、さらに一歩を進めて、次のとおりに主張したい。すなわち、人を知る心深き彼は、また人に知られることを楽しんだであろう、とともに、また人に知られることを敢て求めず恃まず、却って人を知るの心を推して、仏神を知ろうとし仏神に知られようとした、そこに彼の信仰があり一生の大願があった、と。彼の一生を通して感得せられるものは、また、次の一首に端的に語られている。

まことならでまた思ふことはなきものを　知らぬ人をばなにかうらみん

自草の記録・文書

慈円自草の記録文書類の今日に伝存しているものは必ずしも少くない。いまその主なものに就いて年紀の明らかなものとそうでないものとに分けてこれを左に表示する。その大部は従来すでに確認されているものであるが、私見を以て新たに加えたものもある。新加のもののうち、慈円のものという確証のあるものとそうでないものとがある。後者についてはその理由・根拠を一応略叙したが、それらについてはなお大方の批判・高教を俟つ。

左表において㈠は所収史料・所蔵者、㈡は冒頭の数語である。

第一　年紀の明らかなもの

1『伝法灌頂御記』（『青蓮院法印御房御灌頂日記』）寿永元年十二月

㈠『伝法灌頂記』（南渓蔵）

㈡日次事　寿永元年十二月六日壬寅先内々

2『護摩抄』　養和二年八月

㈠『護摩抄』（南渓蔵）

㈡先行法如常　次入護摩事

3『秘々』　文治六年二月

㈠『秘々』（南渓蔵）

㈡文治六年二月十八日壬寅受法事

4『無動寺大乗院供養諷誦文』　建久五年八月十六日

㈠『門葉記抄』下

㈡右天台山上無動寺之内

5『建仁三年夢之記』　建仁三年六月―四年四月頃　承元三年六月書改め

㈠青蓮院

㈡建仁三年六月廿二日暁夢云

〔備考〕　宝剣喪失に関する夢想とその解釈であるが、全文は『鎌倉仏教の研究』（赤松俊秀氏著）所収。

6『大懺法院条々起請事』　建永元年

㈠『門葉記』四七

㈡長日勤行事　右受南岳余流朝修法花三昧

7『天台勧学講縁起』　承元二年二月

㈠『門葉記』二

㈡比叡山延暦寺所修之勧学講者

8『慈鎮和尚被譲進西山宮状案』　承元四年十月

㈠『華頂要略』五十五上 古証文集

(二)譲進　師跡等事　一、無動寺検校

9『建暦目録』（『慈鎮和尚重被譲西山宮状案』）建暦三年二月

(一)京都大学

(二)譲進　門跡相伝房領等事

〔備考〕8と同じく『華頂要略』にも収めてあるが、別に京大所蔵本がある。該本は青蓮院の慈道親王（亀山院皇子 暦応三年（一三四一）寂）自筆本であり、紙の継目ごとに親王の裏判がある。

10『尊勝陀羅尼供養現行記』建保元年十二月一日

(一)『門葉記』

(二)謹敬深法中真言教主遍照如来

11『慈鎮和尚被遣西園寺大相国状』承久二年歟

(一)『門葉記』寺院三

(二)日来度々申勧め候事は一番ニ不慮に思食寄て仰給之間

12『慈鎮和尚承久貞応御譲状案』承久三年八月一日及び貞応元年六—七月

㈠『華頂要略』

㈡於今者所令進法性寺座主僧正御房也

13 『消息』 承久三年閏十月十日

㈠『含英集抜萃』

㈡不意之違乱当検録無道之非機

14 『消息』 承久四年二月二十五日

㈠『含英集抜萃』

㈡以道理致此祈願之間去冬之比通夜

〔備考〕 13の裏書、13 14の全文は筑土鈴寛氏の『慈円』三二一―二頁所収。

15 『大懺法院再興願文』 貞応元年十二月

㈠『伏見宮御記録』利七十二

㈡金剛仏子久発大願齢已七旬

16 『十禅師告文』 貞応三年正月

㈠『青蓮院文書』

㈡謹啓白聖徳太子而言（十禅師）

〔備考〕 全文は『鎌倉仏教の研究』（赤松俊秀氏著）所収。

17 『春日表白』 貞応三年八月

㈠『曼殊院文書』

㈡金剛仏子慈円再拝々々白春日大明神而言

18 『新礼拝講記』 元仁元年十二月二十日

㈠『門葉記』勤行二

㈡方今於当社十禅師権現宝前

19 『重被進西山宮状』 嘉禄元年五月二十三日

㈠『華頂要略』五十五上 古証文集

㈡師跡事 入道親王一向可伝給之由

20 『山王敬白文』 嘉禄元年七月二十九日

㈠土橋嘉兵衛氏旧蔵
㈡金剛仏子慈円敬白山王権現而言
〔備考〕『鎌倉仏教の研究』所収。

第二　年紀の存しないもの

1『伝受日記』
㈠『門葉記』
㈡自嘉応二年三月廿二日始之　不動立印儀軌

2『毎日可被守時刻次第』
㈠『青蓮院文書』
㈡毎日可被守時刻次第　辰巳時御梵字御手習事
〔備考〕「老僧前大僧正慈円」の署名あり。大僧正を辞したのは建仁三年六月十八日。

3『大法秘事写』

㈠『伏見宮御記録』利七三

㈡（首欠）請雨経　准大法

4 『五悔講表白』

㈠『門葉記』五十勤行

㈡今日此作善者故法印大和尚位聖霊

〔備考〕　はじめに「表白之中別願旨趣和尚御草」と題している。『門葉記』の多くの場合からみて「和尚」はかかる場合、慈円をさすものと推定され、而してそのことは、本文の内容・言葉づかいに照して相矛盾しないと思われる。いわゆる「故法印大和尚位」は兼実の子で慈円の資となった良尋であり、良尋が慈円の許を逐電したのは建仁二年七月三日、そして承元元年十月二十五日に大峯において入寂している（『門葉記』『華頂要略』『青蓮院伝』）。

5 『願文草案断簡』

㈠慶応大学図書館

㈡（前欠）惣之王法惣之仏法

〔備考〕　内容よりみて、承久乱直前の願文と思われる。「若及闘戦者、於今者末代之至極也、可超過平治・寿永。可万倍于清盛・義仲。遮思之、魂魄失度、退疑之心神迷惑。」或いは「将軍少人下向之後、時議之定、大事・小事可美穏便之政理。遮幾無為令成敗、以此道理顧都鄙之云為、彼郎従之武士等意趣」云々などの注目すべき文字がみえる。前後を欠き、筆者の名も喪われているが、その筆蹟及び内容よりみて慈円に帰して誤りないものと思われる。

6 『舎利報恩講次第』

㈠『門葉記』四八

㈡先兼択吉日可触成同心之人

〔備考〕「和尚御筆次第」とあり、この「和尚」も慈円をさすものとみられる。

7 『自伝案断簡』

㈠青蓮院

㈡仏子一期思惟

〔備考〕後欠のため筆者の名を欠くが内容及び筆蹟より慈円のものなることは疑いない。その一部は『門葉記』(門主行状)に若干引用されている。全文は『歴史地理』第八十四巻第一号(通篇五三二号、昭和二十八年六月)所収。

8『懺法院勤行次第』

㈠『門葉記』四八　勤行四五六

㈡先九条錫杖　次法華懺法

9『懺法院十五尊釈』

㈠『門葉記』四八

㈡一日　夫釈迦如来惣別功徳ヲ奉讃嘆

〔備考〕右の連続している8、9は署名なく起草者は不明であるが、その内容をみると、他の史料にあらわれた慈円の思想を彷彿せしめるものがある。即ち、一日から晦日まで日々の開眼の仏とその讃嘆とをのべている中に、「今世怨霊亡卒之対治利生尤相叶候歟。」「欲滅王法於吾国怨霊之邪心者、投智火以无残、亡卒之邪念者洗恵水以除障。」「抑当世僧侶称専修念仏之行者、決定往生之業因、捨真言止観之業、専魚鳥女犯之放逸云々。事既起自弥陀之教、今更儲此重罪之業、如来之照見如何、諸仏之方便如何。或諸宗訴公家、々々誡悪人。雖然全無対治之実、弥有造罪之悪云々。誠是濁世迷惑之非常末代難治之悪縁也。」等は慈円の口吻を伝えるものと思われ、この点よりみて慈円の自草と考えられるが、外的徴証は全く欠いている。

10『毘盧遮那別行経私記』

㈠叡山文庫蔵本　日本学士院紀要（昭和三十六年三月）に全文を収む

㈡別行経私記、　私云先是ハ梵網菩薩戒ヲ説玉フ事ヲ説置也

〔備考〕　文中次の如き注目すべき文字が見えている。「承元四年二月廿七日夜於燈下書之。今之愚案畢。此夜夢云、上皇与仏子互成夫成夫妻之儀、其寵頗過分之趣也。夢之中今経ノ抄記若叶正意歟。夢之間巨細不能委記。併皆成就相也。一々事々心地咒之三種悉地真言並符合之由覚悟而驚畢。欣感銘肝歟。仍聊以記之。」

11『八字文殊表白』

㈠曼殊院

㈡毘沙門天王　南瞻部州大日本国奉為　東宮殿下御願」

〔備考〕　自筆一巻。文中に「東宮殿下の御願として文殊八字法を修す」という趣の語がみえている。また「大施主近衛大将」云々の文字もみえている。東宮は恐らく懐成親王（後の仲恭天皇）、近衛大将は西園寺公経と考えられる。懐成親王の東宮時代は建保六年十一月から承久三年

四月まで、公経が近衛大将となったのは承久元年十一月であるから、もし右の人物の擬定が誤りなければその年代を凡そ推定し得る。

12『法華別帖私』

㈠吉水蔵

㈡(前欠)「次三身如二帖以誦経凡此行法次第」

〔備考〕奥に、承元四年九月廿九日書写のよしの弟子成源の奥書があるので、成立年代を推すことが出来る。

内容に、建久二年、元久元年、承元三年などの年号が慈円によって記されている。内容は法華法の修行法、また長年にわたる法華経学習精進のことが中心になっている。大懺法院の行法の中心が法華法にあったことと彼此相照すものとしてとくに注目されるとともに、慈円の信仰の一中心が法華信仰にあったことをよく示している。

なお、『愚管抄』刊本としては、『新訂増補国史大系』『岩波文庫』『日本古典文学大系』などがあり、『拾玉集』刊本には、『国歌大観』『国歌大系』『校本拾玉集』などがある。

血脈

〔灌頂相承〕

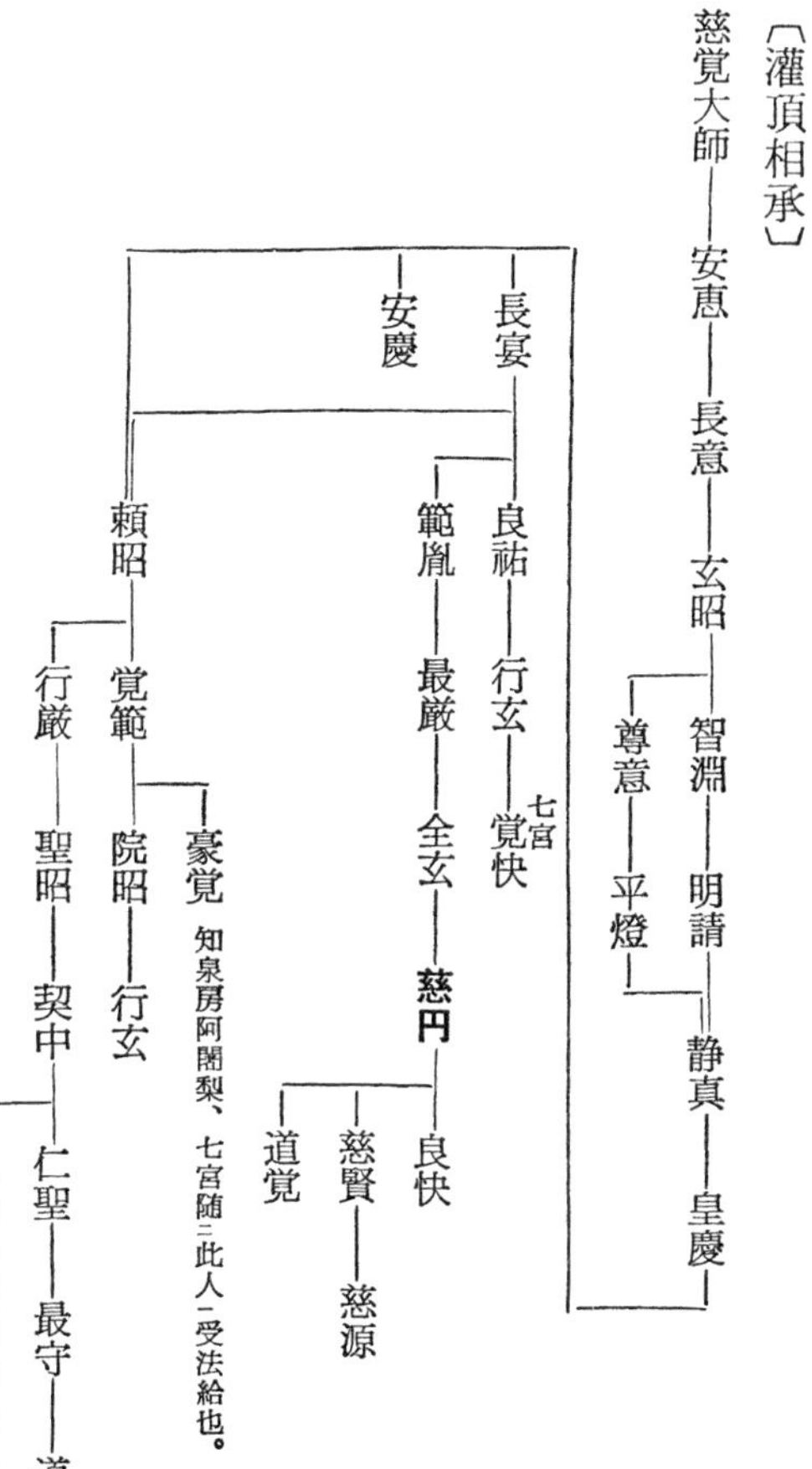
慈覚大師
安恵
長意
玄昭
智淵
明請
静真
皇慶
尊意
平燈
長宴
安慶
良祐
行玄
七宮
覚快
範胤
最厳
全玄
慈円
良快
慈賢
慈源
道覚
頼昭
覚範
院昭
行玄
豪覚
知泉房阿闍梨、七宮随ニ此人ニ受法給也。
行厳
聖昭
契中
仁聖
最守
道玄
観性
慈鎮和尚随ニ此人ニ受法許可。

系図（一）（『尊卑分脈』による）

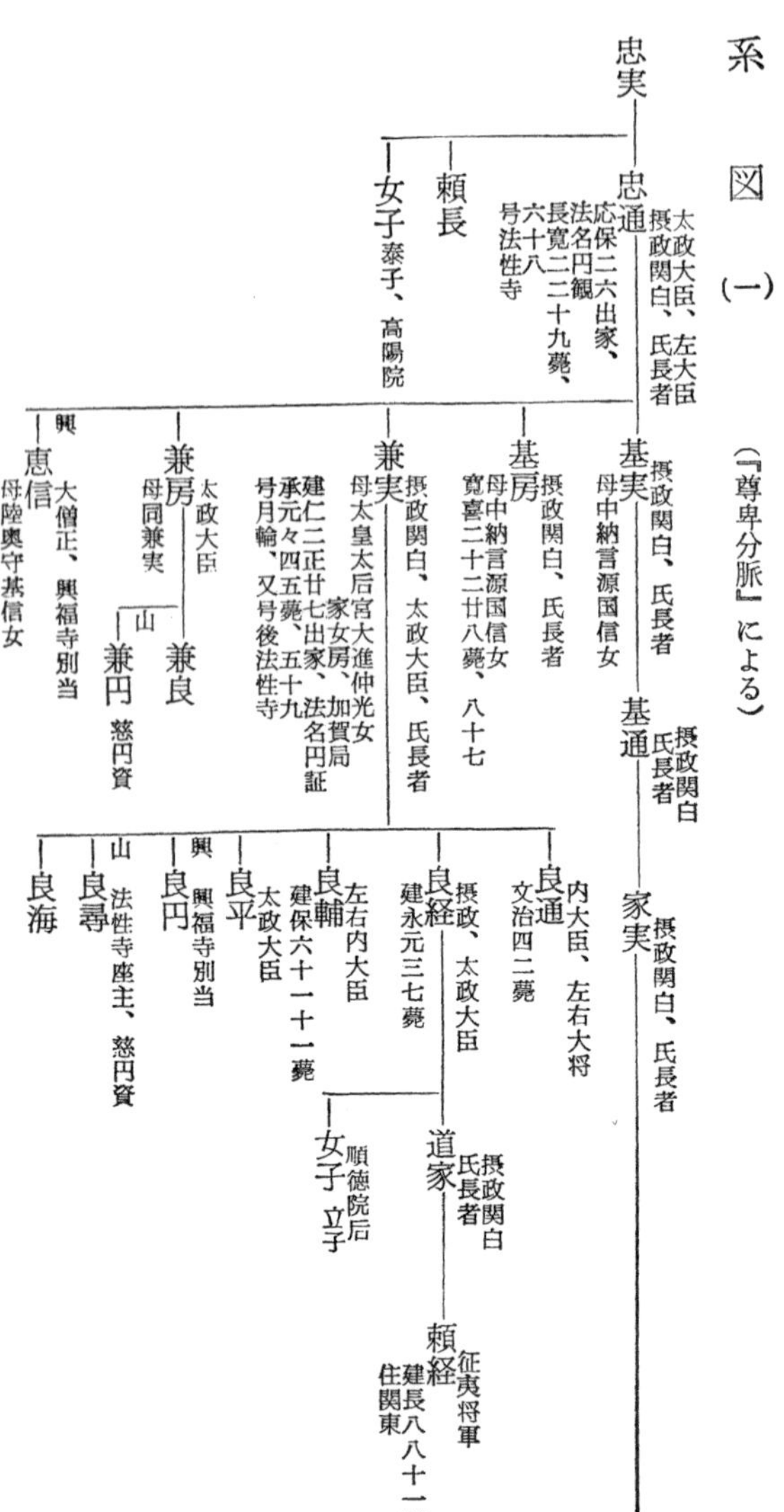
忠実
忠通 太政大臣、左大臣 摂政関白、氏長者 応保二六出家、法名円観 長寛二二十九薨、六十八 号法性寺
頼長
女子 泰子、高陽院
基実 摂政関白、氏長者 母中納言源国信女
基房 摂政関白、氏長者 母中納言源国信女 寛喜二十二廿八薨、八十七
兼実 摂政関白、太政大臣、氏長者 母太皇太后宮大進仲光女 家女房、加賀局 建仁二正廿七出家、法名円証 承元々四五薨、五十九 号月輪、又号後法性寺
兼房 太政大臣 母同兼実
兼良
山 兼円 慈円資
興 恵信 大僧正、興福寺別当 母陸奥守基信女
基通 摂政関白 氏長者
家実 摂政関白、氏長者
良通 内大臣、左右大将 文治四二薨
良経 摂政、太政大臣 建永元三七薨
良輔 左右内大臣 建保六十一十一薨
良平 太政大臣
興 良円 興福寺別当
山 良尋 法性寺座主、慈円資
良海
道家 摂政関白 氏長者
女子 順徳院后 立子
頼経 征夷将軍 建長八八十一薨 住関東

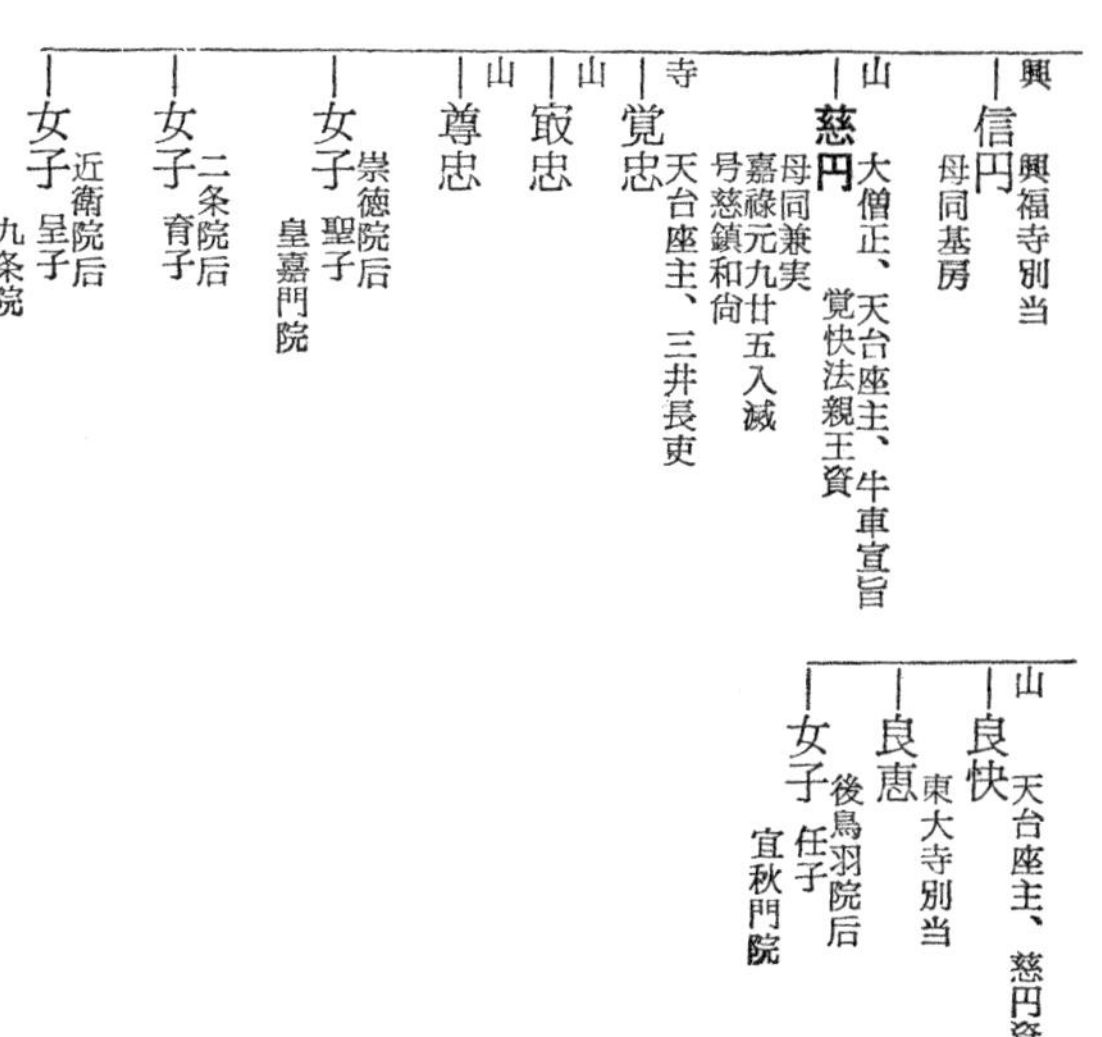

興　信円　興福寺別当　母同基房

山　慈円　大僧正、天台座主、牛車宣旨　覚快法親王資　母同兼実　嘉禄元九廿五入滅　号慈鎮和尚

寺　覚忠　天台座主、三井長吏

山　寂忠

山　尊忠

女子　崇徳院后　聖子　皇嘉門院

女子　二条院后　育子

女子　近衛院后　呈子　九条院

山　良快　天台座主、慈円資

良恵　東大寺別当

女子　後鳥羽院后　任子　宜秋門院

系図（二）

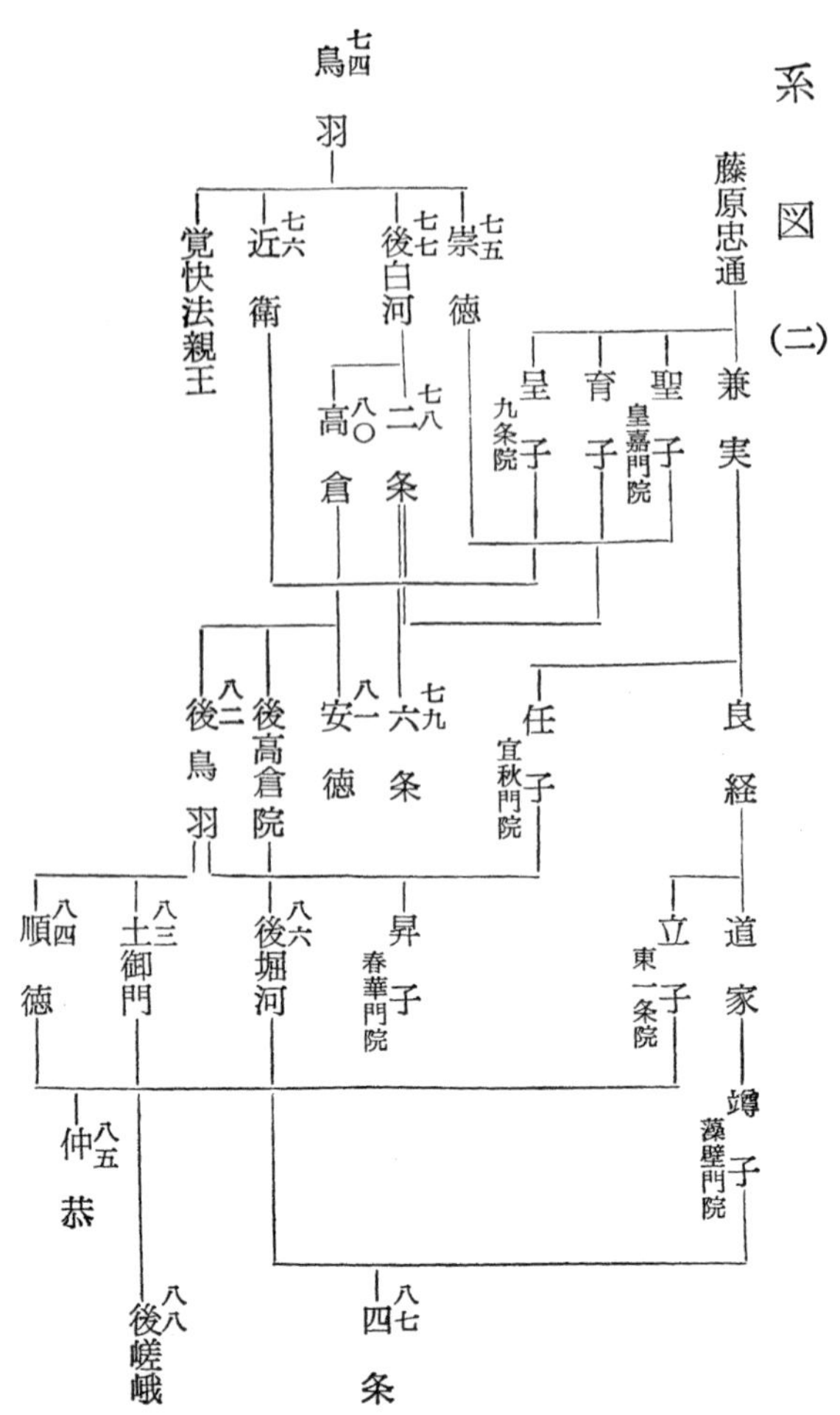

藤原忠通
兼実
聖子
皇嘉門院
育子
呈子
九条院
良経
任子
宜秋門院
道家
立子
東一条院
竴子
藻壁門院
七四 鳥羽
七五 崇徳
七七 後白河
七六 近衛
覚快法親王
七八 二条
八〇 高倉
七九 六条
八一 安徳
後高倉院
八二 後鳥羽
昇子
春華門院
八六 後堀河
八三 土御門
八四 順徳
八五 仲恭
八八 後嵯峨
八七 四条

系図 (三)

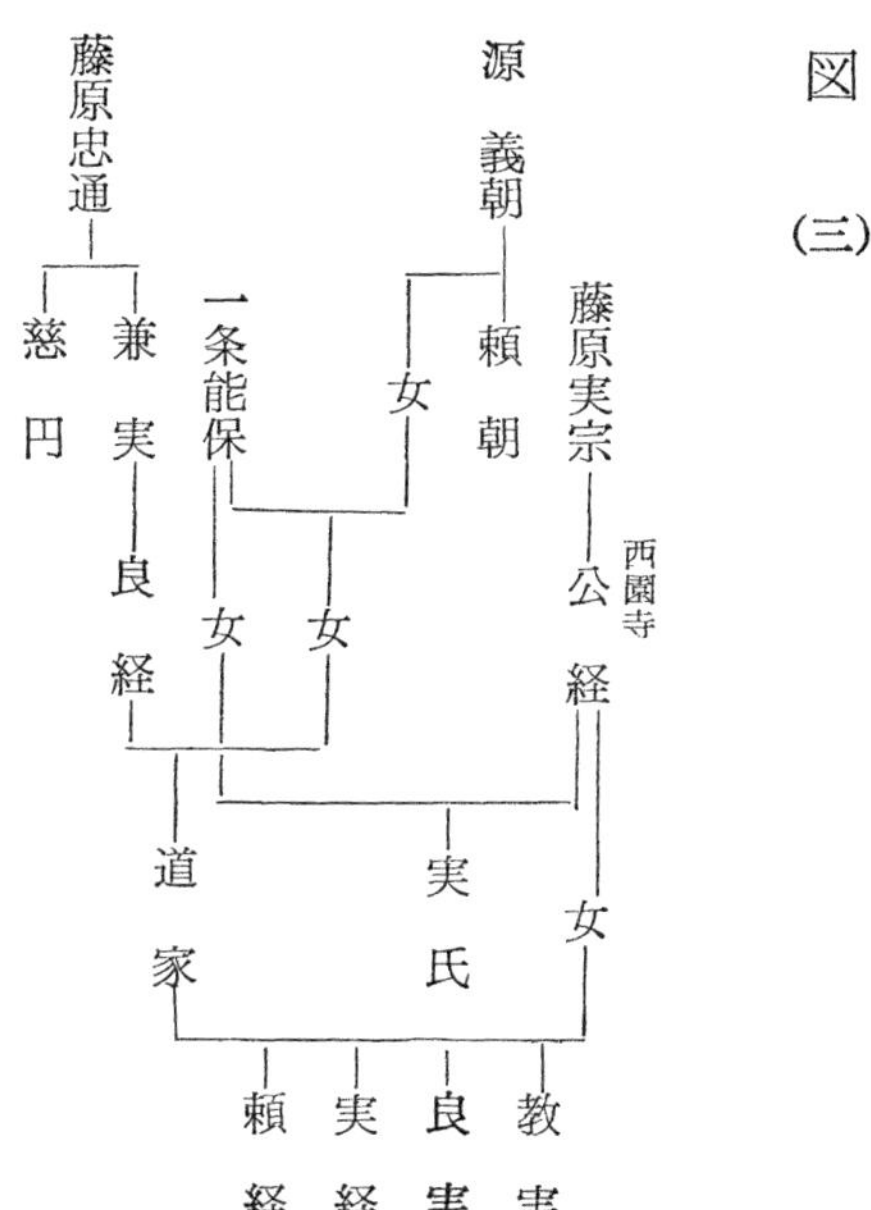

略年譜

年次	西暦	年齢	事項	参考事項	死歿者
久寿二	一一五五	一	四月一五日、誕生		七月、近衛天皇○一一月、行玄
保元元	一一五六	二	二月一〇日、母歿す	七月、保元の乱	七月、鳥羽法皇・藤原頼長・源為義
同二	一一五七	三			
同三	一一五八	四			
平治元	一一五九	五		一二月、平治の乱	一二月、藤原通憲
永暦元	一一六〇	六		二月、源頼朝捕わる	正月、源義朝○一一月、美福門院
応保元	一一六一	七			
同二	一一六二	八	六月八日、父藤原忠通出家		正月、重仁親王○六月、藤原忠実
長寛元	一一六三	九			
同二	一一六四	一〇	二月一九日、藤原忠通薨	一二月、蓮華王院供	八月、崇徳上皇

永万 元	一一六五	一一		養	
仁安 元	一一六六	一二			七月、藤原基実
同 二	一一六七	一三	正月、延暦寺の東塔・西塔戦う。座主快修をやめ明雲を補す○一〇月、白川房にて出家○一一月、覚快法親王より白河房を譲らる		
同 三	一一六八	一四		二月、平清盛出家○四月、栄西入宋	
嘉応 元	一一六九	一五		一二月、延暦寺の訴えにより藤原成親を流す	
同 二	一一七〇	一六	三月、儀軌伝受を始む○三月、一身阿闍梨に補せらる○一二月三〇日、法眼に叙せらる		
承安 元	一一七一	一七		一二月、平徳子、高倉女御となる	
同 二	一一七二	一八			六月、快修

承安三	一一七三	一九		一〇月、清盛、経島を築く	
同　四	一一七四	二〇	この年、江文寺に参籠		
安元元	一一七五	二一		三月、源空、専修念仏を唱う	
同　二	一一七六	二二	四月、無動寺に登り千日入堂を始む		七月、建春門院〇九月、九条院
治承元	一一七七	二三	三月、山徒、藤原師高と争う〇五月、座主明雲配流、覚快法親王、座主となる	四月、延暦寺衆徒嗷訴〇五月、鹿ケ谷の会合	六月、藤原成親
同　二	一一七八	二四	四月二六日、覚快、青蓮院に移る〇閏六月二九日、法性寺座主に補せらる〇一〇月、延暦寺学徒・堂衆と争う。清盛、堂衆を討たしむ		
同　三	一一七九	二五	三月、千日入堂をおえて入京〇四月二日、兼実を訪うて隠棲の志を述ぶ〇六月、延暦寺学徒、堂衆と争う	一一月、太政大臣以下三九人停官〇同月、後白河院、鳥羽に幽せらる	六月、平盛子〇八月、平重盛

同　四	一一八〇	二六	八月一四日、兼実を訪うて籠居の志を述ぶ	五月、以仁王・頼政挙兵○六月、福原遷都○八月、源頼朝挙兵○一一月、還都	五月、源頼政
養和元（治承五）	一一八一	二七	八月、この頃、葛川参籠○一一月六日、法印に叙し、極楽寺・法興院の別当職、三昧院・成就院の検校に補す○同日、覚快法親王薨ず○この頃、名を慈円と改む	閏二月、平氏、源頼朝をうつ○八月、平氏、源義仲をうって破らる	正月、高倉上皇○閏二月、平清盛
寿永元（治承六）	一一八二	二八	七月二九日、無動寺検校となる○一二月六日、全玄より灌頂をうく		
同二（治承七）	一一八三	二九		七月、平氏都落、源義仲入京○八月、後鳥羽天皇践祚	
同三（元暦元）	一一八四	三〇	二月三日、全玄、座主となる○一二月三〇日、護持僧となる	正月二〇日、源義仲戦死○七月、一ノ谷の戦	
文治　元	一一八五	三一	一二月、兼実内覧	三月、平氏滅亡○一	三月、安徳天皇・平

				一月、守護・地頭設置	宗盛
文治 二	一一八六	三二	八月一五日、平等院執印に補せらる	三月、頼朝、六十六国総追補使となる	五月、源行家○六月平頼盛
同 三	一一八七	三三	三月二九日、後白河法皇の御悩の御祈りを修す○五月二四日、法成寺執印となる	三月、栄西再入宋○九月、千載集撰進	
同 四	一一八八	三四	二月二〇日、藤原良通の供養を行う○九月、兼実・観性と共に如法経供養		二月、藤原良通
同 五	一一八九	三五	二月一一日、後白河法皇御悩の御祈りを修す○七月一二日、桂林院を管領す	七月、頼朝、奥州征伐	閏四月、清原頼業○同月、源義経
建久 元	一一九〇	三六	正月一二日、藤原任子入内、修法す	一一月、東大寺供養、頼朝上洛	二月、西行○一一月、観性
同 二	一一九一	三七	九月、三昧院検校を良尋に譲る○一二月四日、法成寺・平等院執印を辞す	正月、鎌倉幕府、政所を開く○五月、延暦寺の訴えにより、佐々木定重斬らる	一二月、藤原実定

同　三	一一九二	三八	三月、後白河法皇崩御につき静賢と和歌を贈答○一一月二九日、権僧正に任じ、座主及び護持僧に補せらる	七月、源頼朝、征夷大将軍となる	三月、後白河法皇○一一月、顕真○一二月、全玄
同　四	一一九三	三九	九月、藤原良経の六百番歌合に加わる	四月、曾我兄弟復仇	二月、藤原公衡○八月、源範頼
同　五	一一九四	四〇	八月一六日、藤原兼実の無動寺大乗院供養を助く	九月、興福寺供養、兼実これにのぞむ	八月、安田義定○閏八月、日野基長
同　六	一一九五	四一	三月、東大寺供養に際し、源頼朝と相語る○九月二三日、大乗院に勧学講を始行す		
同　七	一一九六	四二	一一月一五日、良尋に灌頂を授く○一一月二五日、座主・法務・権僧正・護持僧を辞す		四月、藤原兼光
同　八	一一九七	四三	正月、行玄の為に曼陀羅供を修す○三月二〇日、兼実、法然に受戒○同月、西山にて如法経を行う	三月、橘兼仲、妻の妖言により隠岐に流さる	一〇月、藤原能保
同　九	一一九八	四四		正月一一日、後鳥羽天皇譲位、土御門天	二月、平六代

正治　元	一一九九	四五	六月一八日、兄藤原兼房出家、戒師となる○八月二〇日、門跡を良尋に譲る趣の歿後起請を草す○一一月二七日、公円に灌頂を授く○一二月九日、逆修を始む	皇即位○三月、源空『選択集』を著わす○六月二二日、藤原良経、左大臣となる	正月、源頼朝
同　二	一二〇〇	四六	二月二〇日、籠居の後始めて仙洞に北斗法を修す○七月一三日、良経夫人死歿により修行にいず○一二月三〇日、鞍馬山に参籠		正月、梶原景時
建仁　元	一二〇一	四七	二月一八日、座主に補す（第二度）○六月、千五百番歌合に加わる○七月、和歌所寄人となる	二月、城長茂誅せらる	正月、式子内親王○三月、千葉常胤
同　二	一二〇二	四八	正月二七日、兼実出家、戒師源空○七月二日、良尋逐電○七月七日、座主を辞す　実全、座主となる○一一月二七日、平等院検校となる	一二月、栄西、京都に建仁寺を建つ	七月、寂蓮○八月、守覚法親王○一〇月、源通親

同　三	一二〇三	四九	三月一八日、大僧正に任ず○六月一八日、大僧正を辞す	一一月二三日、俊成九十賀	八月、澄憲、比企能員
元久　元	一二〇四	五〇	四月七日、吉水房にて懺法を修す○一二月三〇日、大成就院を後鳥羽上皇御願寺として阿闍梨二口をおく	三月、平賀朝雅、平氏残党をうつ○一一月、良経、左大臣を辞す	七月、源頼家○一一月、藤原俊成
同　二	一二〇五	五一	四月、本坊三条白川房の敷地を後鳥羽院に進ず（最勝四天王院）○六月、大懺法院上棟	三月、新古今集撰進	二月、藤原隆信○六月、畠山重忠○閏七月、平賀朝雅
建永　元	一二〇六	五二	七月、熾盛光堂造営、大熾盛光法を修す	一一月、高弁、高山寺を建つ	三月、藤原良経○六月、重源
承元　元	一二〇七	五三	三月二二日、大熾盛光法を修し、毎年の恒例となす○一一月三〇日、四天王寺別当に補せらる	二月、源空配流	四月、藤原兼実
同　二	一二〇八	五四	二月、『天台勧学講縁起』を草す○一〇月一四日、朝仁親王、吉水房入室○同月二四日、大懺法院供養	七月、藤原良輔、内大臣に任ず	九月、熊谷直実
同　三	一二〇九	五五	正月八日、本堂にて恒例大熾盛光法を	三月、故藤原良経の	

年号	西暦	年齢	事項	一般
			修す○八月二二日、西山にて上皇のため冥道供を修す	女立子、東宮御息所となる
承元 四	一二一〇	五六	正月二二日、上皇のために普賢延命法を修す○七月一九日、上皇のため冥道供を修す○一〇月、西山宮道覚親王(朝仁親王)への譲状を草す	一一月、順徳天皇即位
建暦 元	一二一一	五七	四月二三日、上皇御願の最勝四天王院一日頓写一切経供養を奉行暇を請いしも許されず、西山に入る○七月一一日、延暦寺物持院焼亡○八月、座主に還補の議あり、西山よりいず○一二月、承円、座主を辞す	
同 二	一二一二	五八	正月一六日、座主に還補(第三度)○六月二〇日、上皇のために七仏薬師法を修す○一〇月、叡山東塔南谷に新青蓮院を建つ○一二月、上皇、大懺法院報恩舎利講を勅願とし給う	正月、源空
建保 元	一二一三	五九	正月一一日、座主を辞す○二月、所管	五月、和田合戦、義　二月、貞慶○九月、

			の寺院領・房舎・聖経等を道覚親王に譲進す○六月二一日、惣持院上棟○九月一二日、四天王寺別当に補す○一一月九日、座主に還補（第四度）	盛敗死す	増円○一〇月、鴨明長
同　二	一二一四	六〇	六月一〇日、座主を辞す○七月一六日、不和によって真性、青蓮院を去る		
同　三	一二一五	六一	七月、和歌を後鳥羽上皇に上りて諷諫す○一二月一〇日、恒例舎利講を行う		正月、北条時政○七月、栄西
同　四	一二一六	六二	三月二三日、吉水房炎上○閏六月、朝仁親王御出家○一二月一五日、恒例舎利講を行う		一一月、高階栄子（丹後局）
同　五	一二一七	六三	二月二六日、中宮（東一条院）御産御祈りを修す○七月一五日、後鳥羽院御悩の御祈りを修す		二月、藤原兼房
同　六	一二一八	六四	一〇月一日、中宮（東一条院）御産御祈りを修す○一〇月一〇日、皇子懐成（仲恭）誕生○一一月二四日、牛車の宣を蒙る○一二月二日、道覚親王に灌頂		一一月、藤原良輔

年号	西暦	年齢	事項	一般事項	没年
			を授く		
承久元	一二一九	六五	正月一五日、四天王寺に百首和歌を上る○閏二月一六日、後鳥羽院御悩により大熾盛光法を修す○九月一二日、後鳥羽院御悩により大熾盛光法を修す○一〇月一〇日、最勝四天王院名所障子和歌を上る	正月二七日、将軍源実朝殺さる。公暁も殺され、源氏の正統絶ゆ○七月、大内守護源頼茂、叛を謀って殺さる	正月、源実朝
同　二	一二二〇	六六	三月七日、故良経のために阿弥陀懺法を行う○四月一九日、吉水房回禄		正月、良円
同　三	一二二一	六七	五月一八日、告文を日吉社に納めて公経のために祈る	四月二〇日、順徳譲位、仲恭即位。道家摂政となる○五月一四日、承久の変○七月、三上皇、遠所に移らる○閏一〇月、西園寺公経、内大臣となる	正月、藤原兼良○五月、実全○八月、三善康信○閏一〇月、藤原季経
貞応元	一二二二	六八	四月二四日、最勝四天王院跡の敷地、		

同　二	一二二三	六九	青蓮院に返付さる○九月二二日、将軍頼経の祈りを修す○一二月、大懺法院再興願文を草す 四月、所帯の門跡を良快に譲る○四月八日、幕府、将軍の祈禱料所として備中大井荘を慈円に贈る	五月、土御門上皇を讃岐にうつす	
元仁　元	一二二四	七〇	四月、天王寺絵堂を建立し、九品往生詩歌を書く○八月、春日社に仏法・王法再興を祈る○一二月二〇日、十禅師礼拝講を始む		六月、明遍・北条義時○一一月、信円
嘉禄　元	一二二五	七一	五月二三日、道覚、良快への譲状を草す○七月二九日、山王権現に慈賢の病気平癒を祈る○九月二五日、東坂本小島坊に寂す		三月、公円○六月、大江広元○七月、藤原頼実・平政子○八月、藤原実房

参考文献

㈠ 雑誌論文

（筆者）	（題目）	（誌名）	（発行年月）	（備考）
一、萩野懐之	「愚管抄の著者及脱文」	国学院雑誌	明治四一年二月	中島悦次『愚管抄評釈』及び『日本教育文庫・学校篇』所収
二、三浦周行	「愚管抄の研究」	史林	大正十年一月	『日本史の研究』所収
三、神田喜一郎	「旧鈔本慈鎮和尚伝」	史林	大正十一年七月	『大日本史料』第五ノ二所収
四、津田左右吉	「愚管抄の著作年代についての疑」	思想（日本の文芸）	大正十三年九月	
五、村岡典嗣	「愚管抄考」	思想（日本文化研究）	昭和二年五月	『日本思想史の研究』所収
六、風巻景次郎	「慈鎮和尚の歌に対する態度に就いて」	水甕	昭和五年一月	『新古今時代』所収
七、松本彦次郎	「愚管抄の表現主義」	史学雑誌	昭和五年十一月	
八、筑土鈴寛	「異本拾玉集について」	文学（随筆文学号）	昭和九年一月	
九、平泉　澄	「愚管抄と神皇正統記」	史学雑誌	昭和十一年九月	

一〇、村岡典嗣　「愚管抄の著作年代編制及び写本」　史潮　昭和十四年十二月

一一、佐々木信綱　「五巻本拾玉集と慈円の歌について」　日本学士院紀要　昭和二十四年十一月

一二、赤松俊秀　「愚管抄について」　ビブリア　昭和二十五年三月　『鎌倉仏教の研究』所収

一三、村田正志　「青蓮院吉水蔵に於ける慈円史料」　歴史地理　昭和二十八年六月

一四、赤松俊秀　「慈円の願」　歴史地理　昭和二十八年六月

一五、友田吉之助　「愚管抄の著作年代について」　史学雑誌　昭和二十八年十月

一六、塩見　薫　「愚管抄の研究」　史学雑誌　昭和二十九年十月

一七、塩見　薫　「岩波文庫・愚管抄について」　日本歴史　昭和三十年二月

一八、菊地勇次郎　「西山派の成立」　歴史地理　昭和三十年二月

一九、中村一良　「愚管抄雑考」　お茶の水大学紀要　昭和三十一年三月

二〇、多賀宗隼　「慈円の願について」　歴史地理　昭和三十二年六月

二一、塩見　薫　「愚管抄の校訂」　奈良女子大学紀要　昭和三十三年三月

二二、多賀宗隼　「拾玉集諸本の成立」　史学雑誌　昭和三十三年四月

二三、久木幸男　「証空と慈円」　仏教史学　昭和三十三年六月

二四、塩見　薫　「内閣文庫の「愚管抄」写本」　歴史地理　昭和三十三年十二月

二五、多賀宗隼　「愚管抄の所見について」　歴史地理　昭和三十五年一月

二六、塩見　薫　「愚管抄のカナ（仮名）について」　史林　昭和三十五年二月

二七、多賀宗隼　「関白藤原兼実の兄弟について」　日本歴史　昭和三十五年六月

二八、多賀宗隼　「慈円と密教思想」　日本歴史　昭和三十五年十一月

二九、多賀宗隼　「慈円と密教思想」（続）　日本歴史　昭和三十五年十二月

三〇、多賀宗隼　「慈円と密教思想」（続々）　日本歴史　昭和三十六年三月

三一、多賀宗隼　「観性と慈円」　歴史地理　昭和三十六年六月

三二、多賀宗隼　「慈円著「毘盧遮那別行経私記」について」　日本学士院紀要　昭和三十六年三月

㈡　著　書

（著　者）　（書　名）　（発行所）　（刊　行）

一、中島悦次　『愚管抄評釈』　林六合館　昭和六年

二、筑土鈴寛　『慈円、国家と歴史及び文学』　三省堂　昭和六年
三、筑土鈴寛　『復古と叙事詩』　青磁社　昭和十七年
四、間中富士子　『慈鎮和尚の研究』　森北書店　昭和十八年
五、多賀宗隼　『慈円全集』　六丈書院　昭和二十年
六、赤松俊秀　『鎌倉仏教の研究』　平楽寺書院　昭和三十二年
七、坂本太郎　『日本の修史と史学』（日本歴史新書）　至文堂　昭和三十三年

681
旭滝
仰木
236
522
上仰木
定光院
元三大師
大
江
津
市
近
川
安楽律院
千野
帝釈寺
676
西教寺
文
五軒町
大
宮
川
東
八王子山
衣掛岩
来迎寺
日吉大社
塔
比叡辻
さかもと
延暦寺本坊
讃仏堂
坂本町
比叡山鉄道
ちゅうどう
紀貫之墓
琵
琶
湖
下坂本
えいざん
馬場町
四ッ谷川
壺笠山
420
あのう
穴太
0
500
1000
2000
3000
m

比叡山地図

1：54,000　（昭和34年現在）

著者略歴

一九〇九年生れ
一九三三年東京帝国大学文学部国史学科卒業
東京都立多摩高等学校教諭、平安博物館助教授、
国士舘大学教授等を歴任、文学博士
一九九四年没

主要著書
鎌倉時代の思想と文化　校本拾玉集〈編〉　玉葉
索引　慈円の研究　栄西　源頼政

人物叢書　新装版

慈円

一九五九年（昭和三十四）一月二十五日　第一版第一刷発行
一九八九年（平　成　元）五月　一　日　新装版第一刷発行
二〇〇七年（平成十九）十月　一　日　新装版第三刷発行

著　者　多賀宗隼（たがむねはや）
編集者　日本歴史学会
　代表者　平野邦雄
発行者　前田求恭

発行所　株式会社　吉川弘文館
東京都文京区本郷七丁目二番八号
郵便番号一一三―〇〇三三
電話〇三―三八一三―九一五一〈代表〉
振替口座〇〇一〇〇―五―二四四
http://www.yoshikawa-k.co.jp/
印刷＝株式会社 平文社
製本＝ナショナル製本協同組合

『人物叢書』(新装版)刊行のことば

人物叢書は、個人が埋没された歴史書が盛行した時代に、「歴史を動かすものは人間である。個人の伝記が明らかにされないで、歴史の叙述は完全であり得ない」という信念のもとに、専門学者に執筆を依頼し、日本歴史学会が編集し、吉川弘文館が刊行した一大伝記集である。

幸いに読書界の支持を得て、百冊刊行の折には菊池寛賞を授けられる栄誉に浴した。

しかし発行以来すでに四半世紀を経過し、長期品切れ本が増加し、読書界の要望にそい得ない状態にもなったので、この際既刊本の体裁を一新して再編成し、定期的に配本できるような方策をとることにした。既刊本は一八四冊であるが、まだ未刊である重要人物の伝記についても鋭意刊行を進める方針であり、その体裁も新形式をとることとした。

こうして刊行当初の精神に思いを致し、人物叢書を蘇らせようとするのが、今回の企図である。大方のご支援を得ることができれば幸せである。

昭和六十年五月

日本歴史学会

代表者　坂本太郎

〈オンデマンド版〉
慈　円

人物叢書　新装版

2021年（令和3）10月1日　発行

著　者　多賀宗隼（たが むねはや）

編集者　日本歴史学会
代表者 藤田 覚

発行者　吉川道郎

発行所　株式会社 吉川弘文館
〒113-0033　東京都文京区本郷7丁目2番8号
TEL　03-3813-9151〈代表〉
URL　http://www.yoshikawa-k.co.jp/

印刷・製本　大日本印刷株式会社

ISBN978-4-642-75153-7